Ferdinand Lotheissen

**Studien über John Milton's poetische Werke**

Ferdinand Lotheissen

**Studien über John Milton's poetische Werke**

ISBN/EAN: 9783744605304

Hergestellt in Europa, USA, Kanada, Australien, Japan

Cover: Foto ©Thomas Meinert / pixelio.de

Weitere Bücher finden Sie auf **www.hansebooks.com**

# Jahresbericht

des

## Großherzoglichen

# Gymnasiums zu Büdingen.

Schuljahr 1859 auf 1860.

Von

## Dr. Georg Thudichum,

Oberstudienrath und Director.

— — — — — — — — —

Als Beigabe: Studien über John Milton's poetische Werke. Von Ferdinand Lotheißen.

**Büdingen 1860.**

Druck der Andreas Heller'schen Hofbuchdruckerei.

# Inhalt.

Als Beigabe: Studien über John Milton's poetische Werke.

# Schulnachrichten.

—•◦•—

## 1. Chronik des Gymnasiums.

Im Sommer 1859 nahm der Gymnasiallehrer Steinhäuser einige Wochen Urlaub zu einer Bade-kur. Seine Dienstgeschäfte versahen die übrigen Lehrer nach Möglichkeit, insbesondere leistete dabei auch Lehramtskandidat Dr. Marr Aushülfe.

Letztgenannter vollendete im Herbst seinen Acceß, und ist seitdem als Lehrer in eine anderweitige Stelle eingetreten. Für den bisher von ihm versehenen Zeichenunterricht wurde eine einstweilige Aushülfe eingerichtet.

Durch Allerhöchstes Decret vom 10. October wurde dem Gymnasiallehrer Dr. Haupt der Charakter als Professor ertheilt. Diese Auszeichnung wurde allgemein und insbesondere von Lehrern und Schülern des Gymnasiums mit lebhafter Freude vernommen, und dieser Stimmung von Seiten der Schüler durch eine öffentliche Ehrenbezeigung Ausdruck gegeben.

Der Gesundheitszustand der Schüler war auch in diesem Schuljahr befriedigend. Sie hatten im Herbst abermals, wie in beiden früheren Jahren, das Vergnügen, einer gesegneten Weinlese beizuwohnen, und mit anständiger Heiterkeit daran Theil zu nehmen. Die milde Luft und günstige Lage des Orts ist dem leiblichen Befinden günstig. In den drei trockenen Jahren war nie Wassermangel, und die Vegetation behielt ihre gewöhnliche Frische.

Doch hat auch die Anstalt den Tod eines Schülers zu beklagen. Konrad Dietz aus Hrißers war im Frühling 1858 in das Gymnasium eingetreten, sowohl um seine Ausbildung weiter zu verfolgen, als auch um unter kundiger ärztlicher Behandlung in einem milderen Klima wo möglich seine gefährdete Gesundheit herzustellen. Der Erfolg war auch anfangs günstig, doch zeigte sich sein Uebel, ein organisches Herzleiden, als unheilbar, und er erlag plötzlich am 7. September einem heftigen Anfalle desselben. Das ganze Gymnasium begleitete die Leiche des wohlgearteten Jünglings zu seiner Ruhestelle; dem Sarge folgten zunächst Vater und Großvater des Verstorbenen, welche auf die unerwartete Nachricht herbeigeeilt waren.

Die Lehrmittel wurden wie bisher angemessen vermehrt; besonders ist eine ansehnliche Sammlung von Abgüssen antiker geschnittener Steine als höchst schätzbare Erwerbung zu bezeichnen.

Die bauliche Einrichtung des Gymnasiums wurde noch weiter vervollkommnet, und anderes Geeignete vorbereitet.

An Geschenken sind zu verzeichnen: Von Herrn Steuercommissär Hirsch zu Gießen eine Abhandlung über den Kalender. Von Herrn Pfarrer Baist zu Ulfa ein daselbst gefundener Mammuthszahn. Von Herrn Forstmeister Ihrig dahier mehrere in Spiritus aufbewahrte Amphibien und Insecten aus Amerika. Von Herrn Lißmann dahier mehrere Erzstufen aus Oberfranken.

Von literarischen Arbeiten der Lehrer des Gymnasiums sind zu erwähnen:

Die griechischen Lyriker, oder Elegiker, Jambographen und Meliker. Drei Bändchen. Von Dr. Georg Thudichum. Stuttgart. Metzler. 1859, 1860.

Historische und kritische Beiträge in Prutz's Deutschem Museum und anderen Zeitschriften. Von Dr. Ferdinand Cotheißen. 1859, 1860.

# Stundenplan. Wintersemester 1858—59.

| St. | Montag. | Dinstag. | Mittwoch. | Donnerstag. | Freitag. | Samstag. |
|---|---|---|---|---|---|---|
| **Vormittag.** | | | | | | |
| 7–8 / 8–9 | I. Religion. / II.a Herodotus. / III. Deutsch. / IV. Französisch. | I. Physik. / II.a Griechisch. / II.b Xenophon. / III. / IV. Religion. | I. Latein. Stil. / II. Homerus. / III. Französisch. | I. Religion. / II.a Herodotus. / III. Deutsch. / IV. Französisch. | I. Französisch. / II. Hebräisch. / III. / IV. Religion. | I. Latein Stil. / II. Homerus. / III. Griechisch. / IV. Geographie. |
| 8–9 / 9–10 | I. Mathematik. / II. Religion. / III. Naturgesch. / IV. Deutsch. | I. Cicero. / II. Französisch. / III. Griechisch. / IV. Lateinisch. | I. Mathematik. / II. Deutsch. / III. Lateinisch. / IV. Lateinisch. | I. Französisch. / II. Religion. / III. Lateinisch. / IV. Geographie. | I. Cicero. / II. Mathematik. / III. Lateinisch. / IV. Lateinisch. | I. Mathematik. / II. Deutsch. / III. Lateinisch. / IV. Lateinisch. |
| 9–10 / 10–11 | I. Thukydides. / II. Mathematik. / III. Lateinisch. / IV. Lateinisch. | I. Geschichte. / II. Virgilius. / III. Geographie. | I. Geschichte. / II.a Latein. Stil. / II.b Latein. Stil. / III. Geographie. | I. Thukydides. / II. Sallustius. / III. Griechisch. / IV. Lateinisch. | I. Geschichte. / II. Virgilius. / III. Französisch. / IV. Naturgesch. | I. Geschichte. / II.a Latein. Stil. / II.b Latein. Stil. / III. / IV. Zeichnen. |
| 10–11 / 11–12 | I. Tacitus. / II. Sallustius. / III. Französisch. / IV. Arithmetik. | I. Deutsch. / II. Naturkunde. / III. Mathematik. / IV. Lateinisch. | I. / II. Eingen. / III. / IV. Zeichnen. | I. Literaturgesch. / II. Geschichte. / III. Lateinisch. / III. Mathematik. | I. Deutsch. / II. Französisch. / III. Mathematik. | I. / II. Zeichnen. / III. / IV. Eingen. |
| 11–12 / 12–1 | | | I. / II. Zeichnen. | | | |
| **Nachmittag.** | | | | | | |
| 1–2 | | | | | | Bibliothek. |
| 2–3 | I. Französisch. / II.a Hebräisch. / II.b Lateinisch. / III. Repos. | I. Archäologie. / II. Mathematik. / III. Geschichte. | I.a Englisch. | II. Mathematik. / III. Repos. / IV. Deutsch. | I. Mathematik. / II.b Xenophon. / III. Geschichte. | I.b Englisch. |
| 3–4 | I. Horatius. / II. Geographie. / III. Mathematik. / IV. Schreiben. | I. Hebräisch. / II. Geschichte. / III. Schreiben. / IV. Arithmetik. | | I. Horatius. / II. Geographie. / III. Mathematik. / IV. Schreiben. | I. Hebräisch. / II. Französisch. / III. Schreiben. / IV. Arithmetik. | |
| 4–5 | | Turnen. | | | Turnen. | |

# 3. Angabe der Lehrgegenstände nach den Classen.

## In Prima.

**Religion.** 1) Die Briefe Pauli an die Römer, an die Philipper, an die Ephefer, an die Koloffer, an Philemon, Brief Jacobi, 2 Briefe Petri, Brief an die Hebräer, nebst Geschichte von der Gefangenschaft Pauli zu Jerusalem und Abführung nach Rom, ein Auszug nach Dr. Thudichum's biblischer Geschichte und zum Theil nach dem griechischen Text. 2) Zweiter Hauptstück der christlichen Sittenlehre und christliche Glaubenslehre oder S. 131—195 und S. 1—63 des kurzen Inbegriffe der biblisch-christlichen Wahrheiten von Dr. Thudichum. 2 Stunden. **Meyer.**

**Encyclopädie.** Geschichte der deutschen Literatur bis auf die neueren Zeiten. 1 Stunde. **Thudichum.** — Geschichte der griechischen Philosophie. Ueber die Arten der schriftlichen Aufzeichnung bei den Alten. 1 Stunde. **Haupt.**

**Deutsch.** Uebungen im Lesen, Recitiren, Declamiren und Reden. Mit Benutzung der Lesebücher von Zimmermann u. A. Aufsätze und Ausarbeitungen über selbstgewählte und empfohlene Themata, in prosaischer und auch in poetischer Fassung. Z. B. Geschichte: Solon. Altdeutsche Bramten. Die alten Deutschen. Belebung Helluns. Die Reformation. Zwingli. Das 17. Jahrhundert. Der Krieg von 1850. G. M. Arndt. Sage: Thisbne. Kunst und Wissenschaft: Redner und Dichter. Die französische Sprache. Natur und Technik: Der Winter. Der Biber. Der Wein. Die Kartoffel. Der Tabak. Hanf und Flachs. Die Buche. Die Mühle. Ethisch: Das Christenthum. Die Wohlthätigkeit. Die Gesundheit. Das Leben eines Spielers, eines Trinkers, eines Verbrechers. Einmal ist keinmal. Es ist nicht Alles Gold, was glänzt. Schilderungen und Beschreibungen: Wintertag. Sommermorgen. Sonnenuntergang. Dorfkirchweihe. Krankenbett. Die Kirche zu Lich. Erzählungen: Ferienreisen. Reise durch die Herrschaft Itter. Hinterländer Geschichten. Die ersten vierzehn Lebensjahre. **Thudichum.**

**Lateinisch.** Taciti Annales, L. 1. 1 Stunde. **Thudichum.** — Stilübungen. Nach Zumpt's Grammatik wurde die Lehre vom Indicativ, Conjunctiv, den Participien und Gerundien, vom Periodenbau und einige Abschnitte der Syntaxis ornata durchgegangen. Zugleich wurde nach Zumpt Anleitung rc. Exercitia domestica und Extemporalia geschrieben. Selbstständig lieferten die Schüler je nach ihrer Fähigkeit eigne Arbeiten, indem sie theils Auszüge aus Repet, Cäsar und Cicero machten, theils die Anleitungen von Krebs, Zumbber und Eckstein benutzten. Als freie Ausarbeitungen wurden Lebensbeschreibungen und kleine Abhandlungen über verschiedene Gegenstände des Alterthums geliefert. 2 Stunden. **Haupt.** — Ciceronis oratio pro Archia poeta und pro Sulla bis cap. 25 übersetzt und erklärt. 2 Stunden. **Blümmer.** — Horat. od. lib. I—III mit Auswahl. 2 Stunden. **Lotheißen.**

**Griechisch.** Sophokles König Oedipus. Fortsetzung und Schluß. Aeschylos Prometheus. 2 Stunden. **Thudichum.** — Thucydidis Bellum Peloponnes. I. 1 u. II wurden gelesen und erklärt. Hiermit waren grammatische Uebungen nach Buttmann über die irregulären Zeitwörter, den Artikel, die Rection des Casus, die Modi rc. verbunden. 2 Stunden. **Haupt.**

**Französisch.** Lectüre: Le Verre d'eau par Scribe, l'Avare par Molière, Paul et Virginie par Bernardin de Saint-Pierre angefangen. Schriftliche Uebungen: Aufsätze, Uebersetzungen aus dem Deutschen ins Französische zu Hause und pro loco in der Classe. Grammatik: Gelegentliche Wiederholung der Sprachregeln nach Kreipars. 3 Stunden. **Blümmer.**

**Hebräisch.** Die beiden Bücher Samuelis wurden gelesen. Nach Gesenius Grammatik wurde die Flexion der Suffixa bis und die Syntaxis durchgegangen und die Serba wiederholt. 2 Stunden. **Haupt.**

**Englisch.** 1. Abtheilung. Schriftliche Uebungen in Fölfing's englischer Grammatik. Uebersetzung des 1. Actus von Schiller's Vorsatz in das Englische. Byron's Prisoner of Chillon und Mazeppa gelesen. Dictate. 1 Stunde. — 2. Abtheilung. Schriftliche und mündliche Uebersetzungen. Einübung des Britannie. 1 Stunde. **Lotheißen.**

**Geschichte.** Römische Geschichte von dem 2. pun. Kriege an bis zur Kaiserzeit. Geschichte des Mittelalters bis zu den Kreuzzügen. 2 Stunden. **Lotheißen.**

**Mathematik.** Sommersemester. Ober- und Mittel-Prima. Repetition und Schluß der Lehre von den Kegelschnitten, deren physikalische Anwendung und die Berechnung des körperlichen Inhalts des parabolischen Konoids und des Ellipsoids. 4 Stunden. **Steinhäuser.** — Unter Prima. Buchstabenrechnung und die Gleichungen des ersten Grades mit einer und zwei Unbekannten. 4 Stunden. **Marr.** — Wintersemester. Ganz Prima. Die allgemeine Theorie der Potenzen und Wurzeln, die loga-

nehmen, die Gleichungen des zweiten Grades, die arithmetischen und geometrischen Reihen und die Anwendung der letztern auf die Zinseszins- und Rentenrechnung. Die ebene Trigonometrie. 4 Stunden. **Steinhäuser.**

**Physik.** Vom Auge und den optischen Instrumenten, die Interferenzerscheinungen und die chemischen Wirkungen des Lichts. Die Lehre des Magnetismus und der Electricität, insbesondere von den gegenseitigen Wirkungen der Magnete auf einander und auf magnetische Körper, der magnetischen Wirkung der Erde, den Gesetzen und der Theorie des Magnetismus und den verschiedenen Methoden des Magnetisirens; von den electrischen Wirkungen, dem Galvanismus und dem Elektromagnetismus. 3 Stunden. **Steinhäuser.**

**Turnen.** Im Hof und im Saal. Frei- und Ordnungsübungen; Uebungen mit allen Geräthen. Excursionen mit Uebungen im Gehen und Laufen. 2 Stunden. **Steinhäuser.**

**Zeichnen.** Nach Vorlegblättern mit Bleistift, Feder, Kreide, Tusch und Farben. 2 Stunden. **Thudichum und Haupt.**

**Singen.** Chöre von C. M. von Weber. Männerchöre von P. Müller. Chorale. Gesangstücke für Cramer und Andreae. 1 Stunde. **Flach.**

**Bibliothek.** Empfang und Rückgabe der Bücher. 1 Stunde. **Lotheißen.**

## In Secunda.

**Religion.** Wie in Prima. Ober statt des systematischen Unterrichts Wiederbelebung früher memorirter Kirchenlieder. 2 Stunden **Meyer.**

**Deutsch.** Uebung im ausdrucksvollen Lesen und im Vortrage nach Zimmermanns Lesebuch. Erklärung verschiedener Gedichte. Betrachtung der Dichtungsarten. Deutsche Literaturgeschichte begonnen. Folgende allen Schülern aufgegebene Aufsätze theils zu Hause, theils in der Classe gefertigt: Der Frühling, die schönste Jahreszeit. Geschichte Joseph's, ein Charakterbild. Die Feuersbrunst in Ilmbach. Rede an einen geschmolzenen Schneemann. Wer einmal lügt, dem glaubt man nicht, wenn er auch gleich die Wahrheit spricht. Wasser und Wein. Die Feuersbrunst in Ilmbach. Die Freuden des Winters. Die Thaten des Herkules. Nahschreiben an einen jungen Müßiggänger. Die Unterrichtsgegenstände, die mir am besten gefallen. 2 Stunden. **Blümmer.**

**Lateinisch.** Virgili Bucol ecl. 8—10. Georg. L. I. 2 Stunden. **Thudichum.** — In Ober-Secunda: Sallustius de bello Jugurthino von cap. 40 bis zu Ende übersetzt und erklärt. 2 Stunden. **Blümmer.** — Grammatik nach Putsche: Der Infinitiv, das Participium, das Gerundium, das Supinum, der Gebrauch der Praenomina. Uebersetzung entsprechender Uebungsstücke ins Lateinische nach Dronke. Exercitia domestica und pro loco. 2 Stunden. **Blümmer.** — In Unter-Secunda: Grammatik und Einübungen. In Putsche's Grammatik ist die Formen-lehre des Nomens und des Casus, der conservat. tempp., das Verbum, Participium und Infinitiv. Dazu die entsprechenden Exercitien in Dronke's Uebungsbuch, Exercit. pro loco, mündliche Uebungen. — Cäsar de bello Gallico lib. IV, 16 — VI inclus. Zusammen 3 Stunden. **Lotheißen.**

**Griechisch.** In Ober-Secunda: Herodot. V, 82 — VI, 120. Uebersetzt und erklärt. 2 Stunden. **Haupt.** — In Unter-Secunda: Xenophontis Anabas. lib. III. IV, 7. Uebersetzt und erklärt, zugleich mit grammatischen Uebungen. 2 Stunden. **Haupt.** — Im Sommersemester in Ober-Secunda: Homeri Ilias V. von B. 443 an. 1 Stunde. **Blümmer.** Grammatik nach Sirelis: Die unregelmäßigen Verba, die Adverbia, die Homerischen Formen wiederholt. Exercitia pro loco. 1 Stunde. **Blümmer.** In Unter-Secunda. Homeri Odyssea XVIII. von B. 123 an. Grammatik nach Sirelis: Die Lehre von den Casus und Zeichen die Contrasts der dritten Declination. 1 Stunde. **Blümmer.** — Im Wintersemester in Ober- und Unter-Secunda: Homeri Odyssea XIX. 2 Stunden. **Blümmer.** In Ober-Secunda: Grammatik: Die Contrasts der dritten Declination bis zu den Verbis der zweiten Conjugation. 1 Stunde. **Blümmer.**

**Französisch.** Charles XII., Lectüre und Vortrag vermittelter Stücke. Nach Kripart's Grammatik das Verbum, die Adverbien, Präpositionen, Conjunctionen, der Gebrauch der Tempora, der Modi und des Infinitivs, nebst schriftlicher Uebersetzung der Uebungsbeispiele. Alle 14 Tage ein Exercitium pro loco. 3 Stunden. **Steinhäuser.**

**Hebräisch.** Mit den Anfängern die Elemente, Einübung der Verba u. Uebersetzen mehrerer Stücke aus Gesenius Lesebuch. 2 Stunden. **Haupt.**

**Geschichte.** Römische Geschichte von Pompejus bis zum Untergang des Reiches. Griechische Mythologie. 2 Stunden. **Lotheißen.**

**Geographie.** Im Sommersemester: Mathematische Geographie. 1 Stunde. **Marx.** — Politische Geographie: Griechenland, die europäische Türkei, Rußland. 1 Stunde. **Blümmer.** — Im Wintersemester: Deutschland. Einleitung in die politische Geographie, Asien im Allgemeinen, die asiatische Türkei im Besondern. 2 Stunden. **Blümmer.**

**Mathematik.** In der Arithmetik von den verschiedenen Zahlensystemen, dem größten gemeinschaftlichen Maße, dem kürzesten gemeinschaftlichen Vielfachen, den Primzahlen, der Zerfällung der Zahlen in ihre Factoren, den gemeinen Brüchen, den Decimalbrüchen, der Quadrat- und Cubikwurzelausziehung, den Proportionen und deren Anwendung in der einfachen und zusammengesetzten Regula de tri, der Zins- und Rabattrechnung, der Gesellschafts-, der Ketten-, der Alligations- und Wechselrechnung, von den additiven und subtractiven Größen und den ersten Gründen der Buchstabenrechnung. Die Geometrie und die Grundzüge der Stereometrie. 4 Stunden. **Steinhäuser.**

**Naturkunde.** Die Anfangsgründe der anorganischen Chemie. 1 Stunde. **Steinhäuser.**

**Turnen.** Mit Prima.

**Zeichnen.** Mit Prima.

**Singen.** Mit Prima.

**Bibliothek.** Mit Prima.

## In Tertia.

**Religion.** 1) Biblische Geschichte: Vom Zug des israelitischen Volkes durch die Wüste bis zum Tode Davids, nach Dr. Thubichums biblischer Geschichte 44—67. 2) Katechismus: Frage 77—137 und 1—31 nach dem Katechismus der unirten Kirche in Baden. 3) Memoriren von 11 Kirchenliedern. 2 Stunden **Meyer.**

**Deutsch.** Uebung im betonten Lesen und Declamiren nach dem Lesebuche von Zimmermann. Gemeinschaftliche Aufsätze: Beschreibung meines Lebens in den Osterferien in Briefform. Der treue Hofnarr. Hans im Glück. Die Feuersbrunst. Beschreibung der Pfingstferien in Briefform. Der König in Thule. Der Wolf. Kirche und Schule. (Eine Vergleichung.) Ein Esel schimpft den andern Langohr. Der Kampf mit dem Drachen. Die Bürgschaft. Der Herbst. Schiffbruch des "Charten". Der Sclavenhandel. Virin die Kurze. Brief an einen Freund, was uns das Christkindchen bescheert hat. Der Schweizer auf der Schanz. Nabenschreiben an einen Freund, der so oft die Schule versäumt. Kalander. Lesen und Schreiben. (Eine Vergleichung.) 2 Stunden. **Blümmer.**

**Lateinisch.** Repet. Bis Eutrop. Mit grammatischen, geschichtlichen und geographischen Erklärungen. 2 Stunden. **Thubichum.** — Im Sommersemester: Justinus nach Jacobs Anzug. Geschichte der Parther, Massilier rc. Stücke aus Cicero. Uebersetzt und erklärt. 2 Stunden. **Haupt.** Grammatik und Exercitia. Nach Blume wurden die Declinationen, Verba rc. repetirt; nach Schulze's Vorübungen die Rection der Casus, die Lehre vom Comparativ und Superlativ, der directen und indirecten Frage, dem Conjunctiv, den Gerundiis und Participiis schriftlich eingeübt. 2, im Winter 3 Stunden. Exercitia pro loco. 1 Stunde. **Haupt.** — Im Wintersemester: Nach Jacobs Anzügen aus Justinus Stück 7 — 21. 2 Stunden. **Blümmer.**

**Griechisch.** Erste Abtheilung: Einübung des regelmäßigen Verbums und Lehre von der Bildung der Tempora, schriftlich und mündlich. Uebersetzungen in Jacobs Lesebuch. Zweite Abtheilung: Die Declinationen in Buttlers griech. Grammatik gelernt und die entsprechenden Stücke in Jacobs übersetzt. 3 Stunden. **Lotheißen.**

**Französisch.** Uebersetzen und Memoriren der Stücke 1—120 in Ahrechts Grammatik und Einüben der bekanntesten unregelmäßigen Zeitwörter. 3 Stunden. **Steinhäuser.**

**Geschichte.** Deutsche Geschichte von Friedrich dem Großen bis zur neueren Zeit. Griechische Mythologie. 2 Stunden. **Lotheißen.**

**Geographie.** Repetition der continentalen Erdhälfte. Uebersicht der Völker und Staaten der Erde. 2 Stunden. **Steinhäuser.**

**Mathematik.** a) Arithmetik: Wiederholung aus der Bruchlehre; die Lehre von den Decimalbrüchen, Verhältnissen und Proportionen mit Anwendung auf Beispiele aus dem alltäglichen Leben; Kopfrechnen. 2 Stunden. — b) Geometrie: Ober-

Abtheilung: Lehrsätze und Aufgaben aus der Planimetrie. Untere Abtheilung: Vorbegriffe; von den Winkeln; Congruenz der Dreiecke; geometrische Aufgaben. 2 Stunden. **Fix.**

**Naturgeschichte.** Sommersemester: Von den Amphibien und den Fischen. 1 Stunde. **Marx** — Wintersemester: Botanik. Einleitung und Vorlegung gesammelter Pflanzen. 1 Stunde. **Haupt.**

**Turnen.** Wie in Prima und Secunda. 2 Stunden. **Steinhäuser.**

**Zeichnen.** Wie in Prima und Secunda. 2 Stunden. **Thudichum** und **Haupt.**

**Schreiben.** Deutsche und englische Schrift nach Rädelin. 2 Stunden. **Flach.**

**Singen.** Zweistimmige Lieder aus Erk's Liederkranz. Gesangstücke für Tenoren und Tenoren mit Prima und Secunda. 1 Stunde. **Flach.**

**Bibliothek.** Mit Prima und Secunda.

## In Quarta.

**Religion.** Mit Tertia.

**Deutsch.** Uebung im Lesen und Declamiren nach Zimmermann's Lesebuch. Uebung im orthographischen Schreiben. Jede Woche eine schriftliche und eine mündliche häusliche Arbeit. 2 Stunden. **Blümmer.** — Im Sommer: Orthographie. 1 Stunde. **Marx.**

**Lateinisch.** Erste Abtheilung: Blume's Lesebuch. Memoriren. Schriftliche Uebersetzung. Uebung in der Grammatik. 1 Stunde. **Thudichum.** — Einüben der Grundregeln, des Comparativs und Superlativs. Uebersetzen einiger Stücke aus Schulze's Vorübungen. 1 Stunde. **Haupt.** — Erste Abtheilung: Repetition der Lehre von der Declination, dem Adjectiv und der Comparation. Einübung der regelmäßigen und unregelmäßigen Verba nach Blume's R. Schulgrammatik. Schriftliche und mündliche Uebersetzungen in Blume's Elementarbuch Theil II u. III. Zweite Abtheilung: Blume's Vorübungen zu dem lat. Elementarbuch von Anfang bis pag. 40. Anfangsgründe des regelmäßigen Verbums. 5 Stunden. **Lotheißen.**

**Französisch.** Uebungen in der Aussprache. Die Anfangsgründe der Grammatik bis zu den Verben incl. Uebersetzen und Rückverbesserungen aus A. de Brauclair's französischem Lesebuche. 2 Stunden. **Steinhäuser.**

**Geographie.** Allgemeine Geographie. Die continentale Erdhälfte. 2 Stunden. **Steinhäuser.**

**Arithmetik.** Wiederholungen aus den 4 Species mit ganzen Zahlen. Die gemeine Bruchlehre in unbenannten und benannten Zahlen. Kopfrechnen. 3 Stunden. **Fix.**

**Naturgeschichte.** Die Vögel. 1 Stunde. Im Sommer: **Marx;** im Winter: **Haupt.**

**Turnen.** Mit Tertia.

**Zeichnen.** Mit Tertia.

**Schreiben.** Uebung der deutschen und englischen Schriftzeichen nach Rädelin. **Flach.**

**Singen.** Mit Tertia.

**Bibliothek.** Mit den übrigen Classen.

———————

# 4. Personalbestand der Lehrer.

### a. Im Sommer 1859.

Dr. Georg Thudichum, Director, Oberstudienrath.

Dr. Georg Haupt, Gymnasiallehrer,
Ordinarius in Prima.

Dr. Franz Blümmer, Gymnasiallehrer,
Ordinarius in Secunda.

Ludwig Steinhäuser, Gymnasiallehrer,
Ordinarius in Tertia.

Dr. Ferdinand Lotheißen, Gymnasiallehrer,
Ordinarius in Quarta.

Dr. Rudolf Marr, Accessist, Zeichenlehrer.

Friedrich Meyer, Decan, Religionslehrer.

Heinrich Fix, Lehrer der Mathematik. Rechner.

Wilhelm Flach, Sing- und Schreiblehrer.

### b. Im Winter 1859—1860.

Dr. Georg Thudichum, Director, Oberstudienrath.

Dr. Georg Haupt, Gymnasiallehrer, Professor,
Ordinarius in Secunda.

Dr. Franz Blümmer, Gymnasiallehrer,
Ordinarius in Tertia.

Ludwig Steinhäuser, Gymnasiallehrer,
Ordinarius in Quarta.

Dr. Ferdinand Lotheißen, Gymnasiallehrer,
Ordinarius in Prima.

Friedrich Meyer, Decan, Religionslehrer.

Heinrich Fix, Lehrer der Mathematik. Rechner.

Wilhelm Flach, Sing- und Schreiblehrer.

## 5. Unterrichtsstunden der einzelnen Lehrer.

Dir. Dr. Thubichum. Lateinisch. 1 St. in I. 2 St. in II. 2 St. in III. 1 St. in IV. Griechisch. 2 St. in I. Deutsch. 2 St. in I. Encyclopädie. 1 St. in I. Zeichnen. 1 St. in I. u. II. 1 St. in III. u. IV. Zusammen 13 Stunden.

Prof. Dr. Haupt. Lateinisch. 2 St. in I. 4 St. in III. 1 St. in IV. Griechisch. 2 St. in I. 2 St. in II,a. 2 St. in II,b. Hebräisch. 2 St. in I. 2 St. in II. Naturgeschichte. 1 St. in III. 1 St. in IV. Archäologie. 1 St. in I. Zeichnen. 1 St. in I. u. II. 1 St. in III. u. IV. Zusammen 22 Stunden.

G.-L. Dr. Blümmer. Lateinisch. 2 St. in I. 4 St. in II,a. 2 St. in III. Griechisch. 2 St. in II. 1 St. in II,a. Deutsch. 2 St. in II. 2 St. in III. 2 St. in IV. Französisch. 3 St. in I. Geographie. 2 St. in II. Zusammen 22 Stunden.

G.-L. Steinhäuser. Französisch. 3 St. in II. 3 St. in III. 2 St. in IV. Geographie. 2 St. in III. 2 St. in IV. Mathematik. 4 St. in I. 4 St. in II. Physik. 1 St. in I. Naturkunde. 1 St. in II. Turnen. 2 St. in I. u. II. 2 St. in III. u. IV. Zusammen 26 Stunden.

G.-L. Dr. Lotheißen. Lateinisch. 2 St. in I. 3 St. in II,b. 5 St. in IV. Griechisch. 3 St. in III. Englisch. 2 St. in I. Geschichte. 2 St. in I. 2 Stunden in II. 2 St. in III. Bibliothek. 1 St. Zusammen 22 Stunden.

Dec. Meyer. Religion. 2 St. in I. 2 St. in II. 2 St. in III. u. IV. Zusammen 6 Stunden.

Lehrer Fix. Mathematik. 4 St. in III. 3 St. in IV. Zusammen 7 Stunden.

Lehrer Flach. Schreiben. 2 St. in III. 2 St. in IV. Singen. 1 S. in I. u. II. 1 St. in III. u. IV. Zusammen 6 Stunden.

Die Gesammtzahl der Lehrstunden beträgt 124, wobei 12 Combinationen von 2 und 1 von 4 Classen, sodaß die Summe von 139 erreicht wird. Davon kommen 37 auf Prima, nämlich 35 gemeinschaftlich, 2 getrennt, 6 combinirt; 40 auf Secunda, und zwar 29 gemeinschaftlich, 11 getrennt, 6 combinirt; 35 auf Tertia, und zwar 8 combinirt; 27 auf Quarta, wobei 8 combinirt sind.

## 6. Schülerzahl.

### a. Im Anfang des Schuljahres.

|  | Ortsangehörige. | Aus d. übr. Großherzogth. | Ausländer. | Zusammen. |
|---|---|---|---|---|
| I. | 3 | 17 | — | 20 |
| II. | 4 | 12 | 1 | 17 |
| III. | 5 | 7 | — | 12 |
| IV. | 10 | 2 | — | 12 |
|  | 22 | 38 | 1 | 61 |

Evangelische 58, Israeliten 3.

### b. Am Ende des Schuljahres.

|  |  |  |  |  |
|---|---|---|---|---|
| I. | 2 | 18 | — | 20 |
| II. | 5 | 12 | — | 17 |
| III. | 6 | 6 | 1 | 13 |
| IV. | 9 | 1 | — | 10 |
|  | 22 | 37 | 1 | 60 |

Evangelische 57, Israeliten 3.

Von den am Ende des vorigen Schuljahres gebliebenen 56 Schülern gingen 3 ab, und blieben also 53. Hierzu kamen im Anfange des Schuljahres 8, zusammen 61. Im Laufe des Schuljahres gingen ab 10, traten hinzu 9, blieben 60. Von den 10 Abgegangenen bezogen die Universität 4, eine polytechnische Schule 1, in den Militärdienst trat ein 1, zur Kaufmannschaft ging über 1, zur Pharmazie 1, zu Gewerben 1, 1 ist gestorben.

## 7. Anzahl und Censuren der Abiturienten.

Zu Ostern 1859 hat die Maturitätsprüfung bestanden:
Friedrich Koch, aus Lindheim. Wurde Militär.

Im Herbst 1859 haben die Maturitätsprüfung bestanden und die Universität bezogen:
Wilhelm Flach, aus Büdingen. Studirt Philologie.
Karl Rasch, aus Freiensteinau. Studirt Theologie.
Bernhard Bornemann, aus Alsfeld. Studirt Jurisprudenz.
Wilhelm Riebling, aus Hungen. Studirt Medicin.
Die ertheilten Censuren waren einmal I, dreimal II und einmal III.

## 8. Examina und Redeact.

Das öffentliche Schulexamen wird Montag den 2. April abgehalten, und am folgenden Tage die mündliche Maturitätsprüfung vorgenommen. Die Ferien dauern bis zum Ende der Osterwoche.

Der Inhalt der Einladung zu dem Redeact am 9. September 1850 ist folgender.

#### Reihenfolge der Vorträge und musikalischen Zwischenacte.

a) Sonata p. Piano-Forte von A. Diabelli. Gespielt von Gustav Meyer.

1) Eröffnungsrede des Directors.

b) Chor: Es waltet ein Gott 2c. Von H. Müller.

2) Reden der Primaner, bestehend in selbstgearbeiteten Vorträgen.

Wilhelm Flach, aus Büdingen.
Die Polargegenden. Deutsch.

Ernst Jochem, aus Ruppertsburg.
Hagen und Volker. Deutsch.

c) Adagio aus einer Sonate von H. Köhler für Piano-Forte, Flöte und Violine. Gespielt von H. Fix, F. Rapp und W. Urbach.

Heinrich Lehr, aus Nidda.
Demetrios Pollorketes. Deutsch.

d) Fischergesang von Jos. Panny.

#### Aus Secunda.

Eduard Nispel, aus Gedern.
Friedrich Rapp, aus Habitzheim.
Virgil's erste Ecloge. Lateinisch.
Hermann Hirsch, aus Düdelsheim.
Franz Schlag, aus Freiensteinau.
Scene aus dem Lustspiel „fish out of water". Englisch.
Karl Yäkel, aus Büdingen.
Otto Döll, aus Wohnbach.
Scene aus Lessing's „Nathan der Weise".

#### Aus Tertia.

Richard Haupt, aus Büdingen.
Wilhelm Urbach, aus Büdingen.
Scene aus Schiller's „Wallenstein".
Otto Münch, aus Düdelsheim.
Wie einmal ein schönes Roß um fünf Prügel feil gewesen. Von Hebel.

**Aus Quarta.**

Hermann Eulau, aus Büdingen.
Die sieben Schwaben. Von Grimm.

Rudolph Frank, aus Dürelsheim.
Der geheilte Patient. Von Hebel.

e) Allegro p. Piano-Forte zu 4 Händen, Violine und Flöte.    Gespielt von Th. Klein,
A. Heinze, F. Rapp, O Flick und W. Urbach.

3) Schlußrede des Directors. Verkündigung der Prämien und Promotionen.

f) Chor: Deutschland über Alles. Musik von Jos. Haydn.

---

## 9. Folge der Prüfungen bei dem Frühlingsexamen 1860.

### Vormittag.

| | | |
|---|---|---|
| Eröffnungsfeier. | I—IV. | Thudichum. |
| Religion. | I. II. | Meyer. |
| Horatius. | I. | Lotheißen. |
| Französisch. | II. | Steinhäuser. |
| Hebräisch. | I. II. | Haupt. |
| Sallustius. | II. | Blümmer. |
| Mathematik. | I. | Steinhäuser. |
| Xenophon. | II. | Haupt. |

### Nachmittag.

| | | |
|---|---|---|
| Geschichte. | III. | Lotheißen. |
| Französisch. | IV. | Steinhäuser. |
| Nepos. | III. | Thudichum. |
| Mathematik. | IV. | Fix. |
| Griechisch. | III. | Lothreißen. |
| Lateinisch. | IV. | Haupt. |
| Schreiben. | III. IV. | Flach. |
| Zeichnen. | I.—IV. | Thudichum und Haupt. |
| Schlußfeier. | I.—IV. | Thudichum. |

# Studien

über

# John Milton's

poetische Werke.

Von

Ferdinand Lotheißen.

———————

Beigabe zu dem Frühlingsprogramm des Gymnasiums.

Böblingen, 1860.

England ist in der Geschichte der letzten Jahrhunderte, wie Hellas im Alterthum, das Land selbstständiger Entwicklung und gewährt dadurch die günstigste Gelegenheit zur Entfaltung der verschiedenartigsten Naturen. Dies zeigt sowohl die politische Geschichte der beiden Länder, die eine Fülle der anziehendsten Charakterbilder darbietet, als auch ihre Literatur, welche durch diesen Vorzug mächtig gefördert wird. Es sind nicht allein die Dichtungen und Werke der Männer, es sind auch die Männer selbst, auf die wir achten, deren Leben und Thaten uns fesseln. Keine der modernen Literaturen hat eine solche fortlaufende Reihe von Dichtern und Schriftstellern aufzuweisen, die auch als Menschen der Beachtung werth sind, keine kann sich eines solchen Reichthums der mannichfaltigsten Charaktere rühmen, die alle, von der frühesten Zeit der englischen Geschichte an, sich durch einen auffallenden Grad von Reife auszeichnen. Von dem heiter genialen Chaucer, dem ritterlichen Surrey, von Sidney, Spenser, dem wilden Marlowe, Shakespeare und Ben Jonson bis zu Milton, Addison, Swift, Sheridan, Goldsmith und in neuester Zeit bis zu Byron, Southey, dem liebenswürdigen Schwärmer, und Moore — welche merkwürdige Reihe stets neu auftretender, verschiedener und doch bedeutender Männer.

Von ihnen allen ist Milton nicht bloß als Dichter einer der bedeutendsten, er ist auch als Mann den größten seines Landes zuzugesellen. Denn in ihm vereinten sich die Gaben der tiefsten und erhabensten Poesie mit wahrhaft antiker Klarheit und Charakterstärke.

Miltons Jugend fällt in eine der denkwürdigsten Perioden der englischen Geschichte, in die Zeit der Gährung und des allmähligen Heranwachsens der großen Revolution. Der Kampf, der ein halbes Jahrhundert das englische Volk bewegte, wurde auf dem politischen und religiösen Gebiet zugleich geschlagen, und schwoll deßhalb zu solcher Bedeutung empor, weil er alle geistigen Interessen mit einem Male berührte. Religion und Politik entflammten zu gleicher Zeit die Leidenschaften, die das Land bis in das Innerste erschütterten.

Gewaltige Revolutionen entstehen nicht plötzlich, das geübte Auge sieht ihr Kommen von Weitem. In England bereitete sich schon lange der Kampf um die Freiheiten des Landes vor. Das alte Recht der britischen Parlamente und die Magna Charta, dieses Kleinod in den Augen jedes Engländers, waren zwar von allen englischen Herrschern oft genug im Einzelnen übersehen und verletzt worden, im Ganzen aber hatten sie sich nie geweigert, dieselben anzuerkennen und ihnen nachzukommen. Selbst die gewaltthätigen Tudors hatten nie daran gedacht, das Bewilligungsrecht der Parlamente aufzuheben, und die große Elisabeth verdankte ihre Erfolge und ihre Macht gerade dem Umstande, daß sie dem laut ausgesprochenen Willen ihres Volkes stets nachzugeben wußte. Mit den Stuarts aber, die nach dem Tode der Königin Elisabeth 1603 die Krone Englands mit der von Schottland vereinigten, kamen andere Grundsätze zur Geltung. Schon unter Jacob I. zogen sich schwere Wolken zusammen. Der König war ein Pedant und ein geistloser Schwächling, der sich

1

von seiner Umgebung nach Gefallen beherrschen ließ. Der Proceß seines Günstlings Somerset enthüllte ein Gewebe der gröbsten Unsittlichkeit und zeigte, wie verdorben und verbrecherisch die Hofkreise waren. Ja die Gerüchte gingen so weit, daß sie den König selbst beschuldigten, mit Hülfe Somersets den eigenen Sohn, den hoffnungsvollen Prinzen Heinrich, durch Gift aus dem Wege geräumt zu haben. England, das unter Elisabeth mächtig und gefürchtet war, sank unter der Regierung Jacobs rasch zu einem Staate dritten Rangs, der kein Gewicht in die Waagschale der Entscheidung über europäische Angelegenheiten zu legen hatte. Je mehr aber die Macht und das Ansehen Englands im Ausland sank, desto größer wurden die Ansprüche des Königs auf Einfluß und ungehemmte Gewalt im Innern. Solchen Erscheinungen gegenüber wuchs der Widerstand der Parlamente langsam, aber sicher. Jacob hatte sein erstes Parlament gleich nach dem Zusammentritt aufgelöst, weil es ihn um Abhülfe einiger Beschwerden gebeten hatte, das letzte aber gerieth schon in offenen Streit mit ihm. Es wagte zu behaupten und durch eine Protestation in den Protocollen des Hauses zu erklären, daß ihr Privilegium kein Gnadengeschenk, sondern ein ererbtes Recht sei, und daß sie nicht bloß Geld zu bewilligen, sondern auch die Staatsangelegenheiten mit zu berathen hätten. Jacob riß die Protestation mit eigner Hand aus dem Buch des Hauses, setzte einige Mitglieder gefangen und entließ das Parlament in voller Ungnade.

Bald darauf starb er, und ihm folgte sein Sohn Karl, auf welchen man Hoffnungen setzte, die sich nicht erfüllen sollten. Karl ging mit Bewußtsein darauf aus, England zu einer unumschränkten Monarchie zu machen. Doch die Zeiten hatten sich geändert, das Volk war über des Königs Heirath mit einer katholischen Prinzessin von Frankreich, über seine kirchliche Richtung und vor allem über den Versuch erbittert, den Cardinal Richelieu gegen die Hugenotten in La Rochelle zu unterstützen. Karl's Absichten traten bald zu Tage, die Gemeinen wurden immer mißtrauischer, und ein Einverständniß wurde nicht erzielt. Der König verlangte Geld, das Parlament Reformen und Bürgschaften. Trotz aller Einschüchterungen und Gewaltthätigkeiten, welche die hervorragenden Mitglieder des Parlamentes zu erdulden hatten, widersetzte sich dasselbe immer offener, denn es stützte sich auf die große Mehrheit des Volkes. So versuchte denn der König, im Bund mit seinem Günstling, dem ränkevollen Herzog von Buckingham, ohne Parlament zu regieren. Man schrieb eigenmächtig Steuern aus, erhob Zölle, erhöhte alle möglichen Arten von Bußen und Strafgeldern, und wenn das Alles nicht genug war, erpreßte man unter dem Namen einer Anleihe willkürlich große Summen von Arm und Reich. Solche Mittel halfen auf kurze Zeit, allein sie erhöhten die Unzufriedenheit; laute Protestationen und Steuerverweigerungen bekundeten dies allerorts und so sahen sich die Rathgeber des Königs immer wieder genöthigt, aufs Neue die Berufung eines Parlaments anzuempfehlen. Aber in jedem neuen Parlament war die Oppositionspartei größer und dringender. Die dem König religiös und politisch so verhaßten Puritaner bildeten darin bereits die Majorität und nöthigten ihm 1628 durch die berühmte Petition of Right das Versprechen ab, nicht mehr durch Execution, Einquartirung von Soldaten und Matrosen oder durch Einkerkerung seiner Unterthanen Beiträge zu Anleihen zu erzwingen, und erklärten im folgenden Jahr, als der König sein Versprechen nicht gehalten hatte, in einer stürmischen Sitzung Jeden für einen Feind, welcher die Erhebung von Steuern, die das Parlament nicht bewilligt habe, anrathe, oder solche entrichte. Das war zu viel, das Haus wurde aufgelöst und viele Mitglieder in den Tower gesetzt oder nach Irland geschickt.

Und nun begannen elf Jahre eines Regiments, das Karl seinem französischen Bruder abgesehen zu haben schien, zumal an die Stelle des durch einen Fanatiker ermordeten Buckingham ein Mann trat, der mit gleicher Geisteskraft wie Richelieu und mit derselben Rücksichtslosigkeit das gleiche Ziel verfolgte, — jeden Widerstand zu brechen und England in schweigendem Gehorsam zu seines Herrn Füßen zu legen. Dieser Mann war Thomas Wentworth, Graf von Strafford, der, zum Vicekönig von Irland ernannt, es unternahm, von dort aus und mit Hülfe jenes Landes England zu besiegen.

Eine Reihe von Erfolgen schien auch das Gelingen des Plans zu sichern. Von Irland aus, wo er sich zum unumschränkten Herrn gemacht, leitete Strafford die Maßregeln Karls und seiner Minister, und um diesen Rathschlägen in der entscheidenden Stunde zu Gunsten seines Königs Nachdruck geben zu können, sammelte er Geld und Truppen. Je näher sich Karl dem Ziele glaubte, desto rücksichtsloser wurde er und sah nicht, wie sich die Leidenschaften in der Stille immer heftiger gegen ihn entzündeten. Ein Ausbruch war unvermeidlich, aber früher noch, als man in England dachte, erfolgte er, als Karl die Kirchenverfassung in Schottland antastete, und auch den Glauben seiner Unterthanen nach seiner Laune zu regieren suchte.

Sehr bald nach Einführung der Reformation in England hatten sich Männer erhoben, welche die neue Gestaltung der Kirche mit den Bischöfen und den vielen Ceremonien nur für ein halbes Werk erklärten und auf die Verfassung der Schweizer Reformirten hinwiesen. Die Verfolgungen, welche diese Männer zu erdulten hatten, stärkten nur ihren Muth, und die enge Verbindung mit den Calvinisten in Genf und den Hugenotten in Frankreich ließ diese streng religiöse, aber allem Aeußeren abholde Richtung schnell anwachsen, so daß die Puritaner, wie man diese Leute nannte, bald eine mächtige Partei in Staat und Kirche waren. Die Vereinigung des Königreichs mit Schottland, wo die calvinistische Kirchenverfassung völlig eingeführt war, gab eine neue Stütze für sie. Aber so wenig betrachteten sich dieselben als außerhalb der bestehenden englischen Kirche, daß sie König Jacob bei seiner Thronbesteigung die sogenannte millenarische Petition*) überreichten, worin sie die Punkte bezeichneten, in welchen sie eine Abhülfe von ihm erbaten. Fast alle diese Bitten bezogen sich auf die Verfassung und äußere Gestaltung der Kirch:, wie z. B. Abkürzung der Liturgie, Abänderung der Kirchenmusik, Beschränkung der Bischöfe im Bezug der Pfründen, Abschaffung des Rings bei der Trauung u. s. w. Wie vorauszusehen war, wurden sie von Jacob abgewiesen, und eine vom König berufene Synode gab die strengsten Bestimmungen gegen solche puritanische Bestrebungen. Jeder, der es wagen sollte, die Verwaltung der englischen Kirche durch Erzbischöfe, Bischöfe und Decane als nicht christlich zu bezeichnen, sollte nach ihnen excommunicirt werden. Gegenüber diesen Beschränkungen suchten sich die Puritaner dadurch zu helfen, daß sie sogenannte Lektoren (lecturers) in großer Zahl aufstellten, Geistliche, welche ohne bestimmte Seelsorge umherzogen und abwechselnd bald hier, bald da, an Markttagen oder Sonntag-Nachmittagen predigten und immer großen Zulauf hatten. In Bezug auf die Lehre selbst bestand Anfangs kein Zwiespalt. Dieser zeigte sich erst bei Gelegenheit der Arminianischen Streitigkeiten in Holland. Dort sollte über die Lehren des Arminius, der die streng calvinistische Ansicht von der Prädestination oder Gnadenwahl verwarf, auf einer Synode zu Dortrecht 1619 entschieden werden. Auch die englische Kirche wurde durch eine Gesandtschaft vertreten, welche auf König Jacob's Befehl sich für die strengere Ansicht erklärte, und mit zu der Niederlage des Arminius beitrug. Diese Entscheidung enthüllte mit einem Male in England die principielle Verschiedenheit zweier großen Parteien. Eine Reihe von Geistlichen erklärte sich für die mildere Ansicht des Arminius und gegen die Beschlüsse der Dortrechter Synode. Die Kanzeln tönten wider von dem heftigen Streit der erregten Gemüther. Mit Erstaunen bemerkte dabei Jacob, daß er grade auf die Arminianer in den politischen Fragen rechnen konnte, daß er dagegen in den strengeren Puritanern politische Gegner habe, und binnen kurzer Zeit änderte sich daher seine Ansicht. Gar bald klagte man, daß der König die Arminianer bevorzuge und beförderte. Eine Verfügung der Regierung, die den Streitenden Schweigen gebot, bewirkte nur das Gegentheil, besonders als man bemerken wollte, daß bei den Geistlichen von Arminianischer Richtung die Uebertretung dieses Gebots nicht geahndet werde. Also auch die Redefreiheit wolle man ihnen nehmen! meinten die Puritaner. Der Streit wurde immer erbitterter und führte, wie natürlich, immer weiter auseinander. Die Wege der englischen Arminianer schieden sich bald ganz von denen ihrer holländischen Meinungsgenossen, und die Bezeichnung Semi-Papisten, die man ihnen gab, war nicht ganz unrichtig, besonders seitdem unter Karl's I. Regierung der Bischof Laud eben solchen Einfluß auf die Entwickelung der kirchlichen, wie Strafford auf die der politischen Verhältnisse gewonnen hatte.

Dieser Mann, der unter König Jacob nur langsam in kirchlichen Würden emporgestiegen war, sich aber klug an den Herzog von Buckingham angeschlossen hatte, stieg mit Karls Thronbesteigung zu besonde-

---

*) The millenary petition, so genannt, weil sie von über siebenhundert Geistlichen unterzeichnet, über tausend zu vertreten behauptet. Die Gesammtzahl der geistlichen Stellen in England betrug damals etwas über neuntausend.

rer Bedeutung. In Zeit von wenigen Jahren wurde er Bischof von London, Mitglied des Geheimen Rathes und Erzbischof von Canterbury. Als Karls ergebner Minister war er mit Strafford durch gleiches Streben eng verbündet. Laud war zwar gelehrt und unterrichtet, doch eigentlich beschränkt und kleinlich in Denken und Fühlen. Ihm galt es darum, die Gesammtheit der englischen Kirche zur Einheit der sogenannten Arminianischen Lehre zu bringen, welche dagegen als Preis der Anerkennung und des Siegs die völlige Unumschränktheit der königlichen Herrschermacht predigte. Die Angriffe der puritanischgesinnten Parlamente richteten sich deßhalb so gut gegen Laud, wie gegen Buckingham und Strafford. Laud suchte so viel wie möglich durch die Presse zu wirken, deren Censur in seine Hände gelegt war. Er erlaubte und beförderte den Druck von Predigten, welche hervorragende Arminianische Geistliche gehalten hatten und welche das göttliche Recht des Königs behaupteten, welche nachzuweisen suchten, daß derselbe nicht gebunden sei, die Rechte des Volks zu achten und daß die Bewilligung der Parlamente nicht nöthig zur Erhebung der Steuern sei. So griff Religion und Politik in einander über. In einer besonderen Erklärung ließ Laud den König sich das Recht wahren, die Kirche in der Einheit des Glaubens zu sichern und bei Strafe jeden ferneren Streit verbieten.*) Das Parlament antwortete darauf mit seiner berühmten Erklärung in derselben Formel, in der es die Steuerzahlenden und Fordernden bedroht hatte. Es erklärte jeden, der Papsthum, Arminianismus und sonstige von der wahren Kirche abweichende Lehren zu verbreiten suche, für einen Feind des Staates.

Laud war ein Schwärmer und deßhalb wo möglich noch tyrannischer als Strafford. Seinen Lieblingsplan, der Kirche von England die verlorne Einheit wieder zu verschaffen, verleitete ihn zu den härtesten Maßregeln und grausamsten Verfolgungen. Er wollte nicht bloß die Arminianische Lehre zur allgemein gültigen machen, er strebte auch nach dem „Schmuck der Heiligkeit", wie er die Ueberladung des Gottesdienstes mit Ceremonien und feierlichen Gebräuchen zu nennen beliebte.**) Die Geistlichen wurden für Priester, d. h. von Gott begnadigte Vermittler erklärt und sollten auch äußerlich durch die Tracht kenntlicher und würdevoller werden. Der Communientisch der Reformirten wurde zum umgitterten Altar gemacht, vor dem man sich beim Vorübergehen mehrmals verbeugen mußte, Lichter und Gemälde in den Kirchen angebracht, die Ehrenbriefte und Gebete für die Todten empfohlen. Wie weit Laud ging, zeigt am besten die Art, wie er selbst die restaurirte St. Katharinenkirche in Leadenhall Street in London einweihte.***) Bei der Annäherung des Zugs, den der Bischof führte, riefen Einige, denen es befohlen war: „Oeffnet, öffnet euch, ihr ewigen Thore, daß der König der Ehren einziehe!" Die Thüren flogen auf, der Bischof aber fiel beim Eintreten auf die Kniee, erhob seine Augen, breitete seine Arme aus und sprach: „Dieser Platz ist heilig, der Boden ist heilig, im Namen des Vaters, des Sohnes und des heiligen Geistes, ich erkläre ihn für heilig." Während er dann vorwärts schritt, warf er zum Oefteren Staub in die Luft, verbeugte sich mehrmals vor dem Altar und zog in Procession unter dem Vortrag mehrerer Psalmen und Gebete durch die Kirche. Dann folgten Flüche gegen die, welche das Heiligthum entweihen würden und Segenssprüche für die, so die Kirche gebaut oder beschenkt hatten. Nach jedem Fluch oder jedem Segen wendete sich Laud gegen Osten und rief: „das Volk sage Amen!"

In solcher Art ging die Einweihung weiter und Laud sorgte dafür, daß der Gottesdienst durch das ganze Land darnach eingerichtet wurde. Kein Wunder, daß die Katholiken heimlich hofften, bald wieder die frühere Macht zu erlangen und daß der Papst in allem Ernst dem Bischof einen Cardinalshut antragen ließ. Aber bei dem Gewicht, das jeder kirchliche Streit in jenen Tagen hatte, bei der Religiosität und der Aufgeregtheit der verschiedenen Secten ist es auch nicht zu verwundern, daß die Puritaner außer

---

*) Im J. 1629.

**) the beauty of holiness, wohl nach dem Psalm 110, B. 3: thy people shall be willing in the day of thy power in the beauties of holiness from the womb of the morning: thou hast the dew of thy youth.

***) Wharton's Laud pag. 330 u. Masson, the life of Milton, narrated in conexion with the History of his time. London 1859, ein gründliches und eingehendes Buch, von dem leider nur der erste Band, die Jugend des Dichters enthaltend, bis jetzt erschienen ist.

sich über solche Neuerungen kamen und die gegenseitige Erbitterung, die starre Verketzerung der Andersgläubigen in immer höherem Grad und immer bedenklicher anwuchs. Laud war blind für alle Anzeichen des nahenden Sturms. Sein Einfluß war groß genug, alle wichtigen geistlichen Stellen mit seinen Anhängern zu besetzen und seine Macht reichte hin, jeden offnen Widerstand rücksichtslos zu brechen. So konnten ihm seine Untergebenen aus den meisten Theilen des Landes berichten, daß die Dissenter und Puritaner zu verschwinden begönnen oder schon verschwunden wären, und daß in kurzer Zeit die Einheit der Kirche herrlich dastehen werde.

Die Mittel freilich, durch die er solche scheinbaren Siege erreichte, waren seiner werth. Schwer drückte seine Hand auf jede geistige Regung, die ihm entgegen war. Dennoch konnte er die Puritaner nicht zum Schweigen oder zur Unterwürfigkeit bringen. Jemehr sie bedrückt wurden, desto streuger wurden ihre religiösen und politischen Ansichten, desto kühner sprachen sie sich für das republikanische System aus, und wollten am wenigsten in Gewissenssachen eine Autorität über sich erkennen. Die Starrsten von ihnen bildeten bald eine eigene, schon im Aeußeren unterschiedene Classe, die ganz von alttestamentlichem Geist erfüllt, sich für das auserwählte Volk Gottes ansah, alle Heiterkeit verdammte, nicht den Sonntag, sondern den Sabbath feierte und in den Namen, ja in der ganzen Eigenthümlichkeit der Rede an das alte Testament anknüpfte.[*] Dort fanden sie Beispiele, wie man gegen Gott widerspenstige Könige abgesetzt und unschädlich gemacht habe und mit Feuer und Schwert für das Reich Gottes eingetreten sei. Solche Lehren behaupteten sie mit der ganzen geistigen Kraft, die Schwärmern oft eigen ist. Und diese Schwärmerei war dem Bestehenden um so gefährlicher, da sie sich nicht blos auf die Religion beschränkte. Von Holland aus, wohin sich Viele geflüchtet hatten, wurden die heftigsten Schriften zur Stärkung der Zurückgebliebenen in das Land gebracht und in England selbst erschienen trotz der schweren Strafen immer wieder puritanische Abhandlungen und Werke.

Gegen solche Männer, die alle ihre Sätze mit Bibelstellen belegten und mit der Energie des Fanatismus vertheidigten, konnten Laud's kaltblütige Priester mit ihren gelehrten Deductionen nicht aufkommen, und der Bischof, in seiner Weise nicht minder fanatisch als die Puritaner, nahm seine Zuflucht zur Grausamkeit. Es ist hier nicht der Ort, die vielen Beispiele von empörender Barbarei und die Gräuelthaten zu erzählen, mit denen Laud sich befleckte. Und so sehr wiegte sich dieser Mann in der angenehmen Hoffnung des Sieges, daß er den König zu einem weiteren Schritt verleitete, und ihm rieth, dieselben kirchlichen Maßregeln auch auf Schottland auszudehnen. Auch dieses Land sollte zur Einheit des Glaubens mit England und zum „Schmuck der Heiligkeit" gebracht werden.

Doch die Schotten waren in ihrem nüchternen, speculativen Character der Kirchenform, wie Laud sie wollte, noch mehr abgeneigt. Die Anhänglichkeit an die calvinistische Presbyterialverfassung ihrer Kirche war noch viel größer, die religiöse Bewegung noch tiefer, als in England. Hatte daher schon die Einrichtung von Bisthümern und Erzbisthümern großen Anstoß erregt, so kam es zum förmlichen Aufstand, als Karl 1639 die Einführung einer besonderen Liturgie gebot. In allen Städten, wie auf dem Land erhob sich das Volk, den Adel zum großen Theil an der Spitze, und erneuerte die alte nationale Verbrüderung, den Covenant. Vergebens drang Karl mit einem Heer in Schottland ein, er fand die Schotten gerüstet und entschloß sich zu einem Waffenstillstand und zu Unterhandlungen. Als sich diese zerschlugen, fielen die Covenanter in England ein, und setzten sich mit den Puritanern daselbst in Verbindung. Karl fehlte es an Geld, sein Heer war schwierig, rings in England begann es zu gähren. Zehntausend angesehene Bürger der City von London verlangten vom König in einer großen Bittschrift die Zusammenberufung eines Parlaments, und wirklich schien dies der einzige Ausweg, die Nation zu beruhigen. Somit trat am 3. November 1640 in London das Parlament zusammen, das wohl das berühmteste seines Landes ist. Aber statt den König mit Subsidien zu unterstützen, wie dieser gewünscht hatte, begann es mit einem directen Angriff auf seine Regierung. Nachdem die Gemeinen in geheimer Sitzung getagt hatten, zogen sie dreihundert an der Zahl aus und klagten an den Schranken des Oberhauses den Grafen von Strafford des Hochverraths an.

---

[*] Macaulay, History of England, vol. I. chapt. 1, pg. 79 Tauchn. ed.

Dieser war auf besonderen Wunsch des Königs nach London gekommen, und zwischen ihm und dem Haus der Gemeinen begann jetzt ein Kampf auf Leben und Tod. Die Letzteren scheuten deßhalb kein Mittel und erlangten nach langen Verhandlungen den Sieg. Karl fühlte den Boden unter seinen Füßen wanken und war feig genug, den Grafen aufzuopfern, dessen Haupt den 12. Mai 1641 fiel.

Mit dieser blutigen That war die Revolution begonnen, die Jahre lang England in schwerem Bürgerkrieg heimsuchen und mit dem Sturz der Monarchie enden sollte.

---

In der Zeit dieser folgenschweren Verwicklungen kehrte ein von glühender Liebe zum Vaterland erfüllter junger Mann aus Italien nach England zurück, weil er es für seine Schuldigkeit hielt, in der Zeit der Gefahr sich seinem Lande zu widmen. Dieser Mann war Milton, der durch diesen einzigen Zug schon deutlich bezeichnet wird.

Das Leben John Miltons ist merkwürdig in vieler Beziehung. Die Entwickelung und das Wesen eines der größten englischen Dichter kennen zu lernen, ist es nicht allein, was uns anzieht; wir freuen uns ebensosehr, einen Mann von furchtloser Ueberzeugungstreue, von Alles veredelnder Idealität zu sehen, dessen Geschick noch überdieß durch die tiefe Nacht, die sich über ihn senkte, zur Theilnahme und Rührung bewegt.

Die Vorfahren dieses Mannes, dessen Charakterbild zu geben und dessen Dichtungen zu besprechen wir versuchen wollen, werden in früheren Angaben reiche Gutsbesitzer genannt, die ihre Habe in dem Krieg der weißen und rothen Rose verloren hätten. Die neusten Forschungen machen dies unwahrscheinlich*) und es bleibt nur gewiß, daß die Miltons in späterer Zeit eine angesehene bürgerliche Familie in Oxfordshire waren, deren Glieder hauptsächlich Landwirthschaft oder auch Handwerke betrieben. Der Großvater des Dichters war mit der Aufsicht über den großen Wald von Shotover bei Oxford betraut, und gehörte zu den eifrigsten Katholiken. Die Mannhaftigkeit und Energie, die wir in dem Enkel finden, war ein Erbtheil des Geschlechts. Der Großvater Richard Milton wurde mehrmals um bedeutende Geldsummen gestraft, weil er sich weigerte, dem protestantischen Gottesdienst beizuwohnen. Dessen Sohn, der Vater unsers Dichters, bewies dieselbe Festigkeit und Entschlossenheit, wenn auch in entgegengesetzter Richtung. Er war ein eifriger Anhänger der Reformation und ein warmer Freund der Puritaner, so daß er zum protestantischen Glauben übertrat, als er auf der Universität Oxford studirte. Der strenge Vater verstieß und enterbte zwar den Sohn, konnte aber dessen Ueberzeugung nicht beugen. Dieser gab lieber die Studien auf, zu welchen ihm die Mittel nun fehlten, und begab sich nach London, wo er in das Geschäft eines befreundeten Notars eintrat. Später wurde er selbst in die Zahl der Notare aufgenommen, und da das Geschäft eines solchen sehr einträglich war, er aber seiner Redlichkeit und Geschäftserfahrung wegen bald bekannt wurde, erwarb er sich in nicht langer Zeit ein hübsches Vermögen, und verheirathete sich im Jahr 1600 mit Sara Bradshaw, von der wir außer einigen Andeutungen ihres Sohnes über ihre große Wohlthätigkeit nicht viel wissen.**) In dem behaglichen stattlichen Wohnhaus der Eltern, in Breadstreet, damals einer der ersten Straßen der City von London, wurde John Milton als das dritte unter sechs Kindern am 9. December 1608 geboren.***) Drei der Geschwister starben sehr früh, und nur eine ältere Schwester Anna und ein jüngerer Bruder Christoph wuchsen mit ihrem Bruder heran.

Leben und Verkehr waren in London schon damals so großartig und mannichfaltig, daß ein lebhafter Knabe mächtige Anregung daraus schöpfen konnte. Die Zeit wurde von großen Ideen bewegt, welche die höchsten menschlichen Güter, Religion und öffentliches Recht betrafen. Das Haus des Vaters war zwar einfach —

---

*) Masson, I. ch. I.

**) Der Name ist nicht ganz sicher. Wir folgen hier der Beweisführung Masson's, während andere gewichtige Quellen den Namen Caston geben.

***) Das Haus trug das Milton'sche Wappen und als Abzeichen, — mit dem damals jedes Haus versehen war, — einen Adler mit ausgebreiteten Flügeln, daher the Spread-Eagle genannt. In dem großen Brand von London 1666 ging es leider mit zu Grunde.

still, aber doch gastlich und ein interessanter Kreis von Bekannten schloß sich an. Feingebildete Geistliche, Schriftsteller und Musiker verkehrten gern und oft darin. Ein freilich jetzt vergessener Dichter, John Lane, wird als Hausfreund genannt; auch der Lehrer des Knaben, der ihn bis zum zwölften Jahre im Haus unterrichtete, war ein anziehender junger Mann, Thomas Young, der sich später als puritanischer Prediger bekannt machte. Die Familie bot ein Musterbild von Eintracht und Liebe und noch in späten Jahren hat Milton seinen Eltern ein schönes Denkmal der Pietät gesetzt.*) Den ernsten Gesprächen der Männer mag der sinnige Knabe oft gelauscht haben. Es existirt noch ein Porträt von ihm aus seinem zehnten Jahr, das ein prächtiges, frisches Gesicht, aber mit ernstem, nachdenklichem Ausdruck in den Augen darstellt.**) Das feine Kleidchen, der schöne Spitzenkragen verrathen den Wohlstand des Hauses, in dem man nicht für die tägliche Noth zu sorgen hatte, in dem vielmehr auch die Künste und Wissenschaften ihren gebührenden Platz behaupteten. Vater Milton war ein eifriger Musikfreund und als tüchtiger Componist bekannt, der seinen Sohn selbst in dieser Kunst unterrichtete. Kurz es fehlte nach keiner Seite hin an Anregung. Denn auch die Poesie wurde nicht vernachlässigt. Die classische Blüthezeit, welche Spenser und Shakespeare herauf-geführt hatten, war zwar geschwunden, allein ihre Nachwirkungen waren noch sehr deutlich und noch lebten Ben Jonson, Fletcher, Massinger u. A. m. Wir haben bestimmte Andeutungen, aus denen man Milton's frühzeitige Bekanntschaft mit den großen Dichtern seines Landes folgern darf. Der Knabe war überhaupt von unbezwinglichem Wissenseifer und Fleiß beseelt. Schon im zehnten Jahre versuchte er sich als Dichter. Im zwölften trat er in die St. Paulsschule ein, welche damals großen Ruf hatte und die er vier Jahre lang besuchte. Von der Zeit seines Schulbesuchs an kam er selten mehr vor Mitternacht zu Bette, so sehr fesselten ihn die Bücher. Aber bei der Schwäche seiner Augen lag hierin gewiß ein Hauptgrund für seine spätere Erblindung.

Im Jahr 1624 ging er wohl vorbereitet auf die Universität Cambridge, wo er die nächsten acht Jahre, von 1624 bis 1632, in angestrengtem Fleiß leben sollte. Sein Vater hatte ihn zum geistlichen Stande be-stimmt, zu dem sich auch Milton hingezogen fühlte. Puritanische Gesinnung war damals noch kein Hinder-niß. Erst das Frühjahr 1625 brachte König Karls Thronbesteigung und mit ihr den Beginn von Laud's tyrannischer Regierung. Unter Jacob hatte man zwar über Bevorzugung der Arminianer zu klagen, doch galt noch immer der Ausspruch der Synode zu Dortrecht als zu Kraft bestehend und nur die strengsten Pu-ritaner mochten schon damals nichts von der englischen Hochkirche wissen, während Mildergesinnte sich ihr gerade deßhalb widmeten, um sie auf einen reineren Stand zurückzuführen. Der Verlauf der Dinge in wenigen Jahren machte es freilich auch Milton's offenem unabhängigem Sinn unmöglich, die begonnene Laufbahn zu vollenden.

Die Einrichtung der Universitäten und die Ordnung der Studien war vor mehr denn zweihundert Jahren schon in Vielem so, wie sie heute noch sind. Cambridge war damals von nahe an dreitausend Stu-denten besucht*), welche in sechzehn Collegien vertheilt waren. Diese Collegien waren abgeschlossene Anstalten, in welchen noch neben den öffentlichen Vorlesungen der Professoren die Studenten unter der Leitung von Lehrern unterrichtet wurden. Jeder die Universität Besuchende mußte in ein Collegium eintreten, dessen Ord-nung fast klösterlich war, und bekam mit einigen andern Schülern zusammen einen Tutor, der ihre Studien genauer zu leiten hatte. Das Studium der ersten vier Jahre, welches mit dem unserer oberen Gymna-sialclassen etwa zu vergleichen wäre, beschränkte sich hauptsächlich auf die classischen Sprachen, nebst Hebräisch und der Einleitung in die scholastische Philosophie. Mit dem Erwerb der Würde eines Baccalaureus oder Bachelor of Arts (B. A.) endigte diese erste Periode und der junge Student fand nun Eingang zu dem philosophischen und rhetorischen Curs, der ebenfalls vier Jahre dauerte und hauptsächlich mit Disputationen, sophistischen Abhandlungen und Uebungen hingebracht werden mußte, wobei die Kenntniß der Sprachen schon vorausgesetzt wurde. Dann folgte in feierlicher Sitzung die Ertheilung der Magister-

---

*) Siehe s. defensio secunda pro pop. Anglic. und die Elegia an seinen Vater.
**) Es ist gemalt von dem Holländer Cornelius Jansen.
***) Masson. pag. 91.

würde (Master of Arts, M. A.), womit gewöhnlich der Aufenthalt auf der Universität schloß. Den höchsten Grad gelehrter Ehren, die Doctorwürde, konnte man auch wieder erst nach einigen Jahren erlangen, ohne jedoch die Zeit über auf der Universität gewesen zu sein, und es blieben nur Diejenigen, welche als Tutors in die Collegien traten und, einer guten Pfründe sich erfreuend, ihren weiteren Weg von hier aus zu machen gedachten.

Milton hat sich den Studien mit dem ganzen Feuer seiner Seele hingegeben, aber späterhin sich doch bitter über die Art geäußert, wie sie betrieben werden mußten.*) Auch fand er Anfangs wenig Freunde unter den Studenten seines Collegs und hatte mit mancher heftigen Opposition zu kämpfen. Bedenken wir, daß der religiöse und politische Zwiespalt auch auf der Universität ausgebrochen war, und daß Milton offen und rückhaltslos auf der einen Seite stand, so liegt hierin nichts Auffallendes.**) Dieselbe Meinungsverschiedenheit mag dem etwas dunkeln Vorfall zu Grunde liegen, der die Verbannung Miltons von der Universität zur Folge hatte. Er gerieth 1626 in einen Streit mit seinem Tutor Chappell, einem Manne, dessen Gelehrsamkeit eben so bekannt war, wie seine scharfe Zunge, und der später von Bischof Land als ein eifriger Anhänger befördert wurde. Schon daraus kann man abnehmen, daß Lehrer und Schüler sich nicht zum Besten standen. Auch daß Milton's Strafe die leichteste ihrer Art war, nur die sogenannte Rustication d. h. Entfernung auf eine bestimmte Zeit ohne irgend welche nachtheiligen Folgen, und daß er nach seiner Rückkehr einen andern Tutor wählen durfte, ist bezeichnend. In seiner ersten lateinischen Elegie an einen Freund erwähnt der junge Dichter selbst diesen Vorfall:

Jam nec arundiferum mihi cura revisere Camum
Nec dudum veliti me laris angit amor;
Nec duri libet usque minas perferre magistri
Caeteraquo ingenio non subeunda meo.

Den letzten dieser Verse hat man besonders als Bestätigung des Gerüchts aufgefaßt, daß Milton damals einer körperlichen Züchtigung unterworfen worden sei. Ganz abgesehen davon, daß eine solche seinen Makel auf das Leben eines Mannes werfen könnte, von dem wir sonst nur Beweise der größten Reinheit haben, hat Masson auch noch nachgewiesen, daß körperliche Züchtigung gesetzlich auf Knaben unter sechzehn Jahren beschränkt war, Milton aber dieses Alter zur Zeit seiner Verbannung schon überschritten hatte. Wir würden diese Sage ganz übergangen haben, hätte sie nicht politischer Haß zur Verkleinerung des Dichters ausgebeutet. Seine späteren Gegner konnten den kühnen Ausführungen seiner politischen und religiösen Schriften nicht mit gleichen Waffen entgegentreten und versuchten daher, sein Privatleben zu verleumden. Da mußte ihnen denn die Angabe sehr erwünscht sein, daß Milton von der Universität geschickt und von seinen Mitschülern nicht geliebt worden sei. Die beste Antwort auf alle diese Angaben gibt Milton selbst. Bei einem fröhlichen Feste (1628) hielt er vor einer großen Versammlung von Lehrern und Studenten eine Rede, in welcher er sich erinnert, daß er manche Commilitonen nicht zu Freunden gehabt habe, dann aber sich laut rühmt, alle Schwierigkeiten überwunden und sich die Liebe und Freundschaft Aller errungen zu haben. Aehnliche Gedanken finden sich in einer andern Rede, über den Vorzug des Tags vor der Nacht, und noch nach vielen Jahren konnte er, ohne Widerspruch zu erfahren, in seiner Vertheidigungsschrift „den Mitgliedern des Collegiums, in dem er einige Jahre zugebracht, mit dankbarstem Herzen öffentlich seine Erkenntlichkeit bezeugen für die mehr als gewöhnliche Gunst und Achtung, welche er vor jedem Anderen seines Gleichen genoß."

Die Reinheit seines Charakters und die Züchtigkeit seines Wesens trugen ihm in Verbindung mit seiner schlanken, feinen Gestalt, dem schmalen, edlen Kopf, den braunen, langen Locken und der weißen Farbe unter den Studenten den Namen der Domina oder Lady ein.***) Auf seinen Charakter hatte dieser Beiname

---

*) Siehe s. Brief über Erziehung an Samuel Hartlieb, einem Deutschen, der sich in England aufhielt.

**) In einem Brief an seinen früheren Lehrer an der Paulsschule Aler. Gill vom 28. Mai 1628 spricht er die Hoffnung aus, daß die Geschicke des Landes sich noch einmal zum Bessern wenden würden.

***) Vergleiche das Sonnet zu seinem 23. Geburtstag:

Perhaps my semblence might deceive the truth,
That I to manhood am arrived so near.

keinen Bezug, wie wir schon gesehen haben. Alle Verweichlichung war ihm fremd; öfters brachte ihn ein scharfer Ritt von Cambridge nach London und er galt als ein tüchtiger Fechter.

Trotz des großen Fleißes, der ihn Morgens schon vor Sonnenaufgang sich erheben ließ, vergaß Milton doch sein dichterisches Talent nicht, das er schon frühe gezeigt hatte. Es ist eine ganze Sammlung lateinischer Gedichte von ihm erschienen, die er freilich erst in seiner späteren Zeit herausgab, deren Abfassung aber in die Zeit seines Universitätslebens fällt. Ist nun auch das Lateinisch dieser Dichtungen elegant und schön, und ziehen dieselben durch manchen gehaltvollen Gedanken an, immer bleibt es mehr oder weniger Schulpoesie, die uns hier entgegentritt, und diese lateinischen Elegieen sind uns nur durch den Verfasser und die Bezüge auf denselben interessant. So ersehen wir aus der ersten Elegie an Diodati, seinen intimen Freund, daß er zur Zeit der Verbannung von Cambridge in London das Theater besucht und wahrscheinlich Shakespeare's Stücke bewundert hat. „Manchmal liegt eine süße Bitterkeit in den Thränen", singt er.*) Ihm galt die Kunst als ein heiliges Geschenk des Himmels, und er konnte nicht in das Verdammungs-urtheil zelotischer Puritaner über das Theater einstimmen. Aber gerade seine Liebe zur Kunst und sein Anstandsgefühl bewegen ihn, sich heftig gegen die Art auszusprechen, wie die Studenten ihre theatralischen Aufführungen einrichteten. Konnte er in lustigem Komödien lachen, wie seine Elegie beweist, so entrüstete ihn die Gemeinheit, mit der Studenten der Theologie in den derbsten Possen sich vor Höflingen und Hof-damen brüsteten, und er machte von dem Recht des Urtheils, das sich die zuschauenden Studenten selbst nicht in Gegenwart des Hofes nehmen ließen, freien Gebrauch und pfiff aus Leibeskräften.*)

Als Milton von der Universität schied, war er in der glücklichsten Lage, nur seinen Studien und der Dichtkunst sich widmend. Er war nun vierundzwanzig Jahre alt, aber dem Charakter nach bereits ein Mann, fest und seines Willens und Ziels bewußt. Interessante Beweise sind uns dafür die Reden, die er in der letzten Zeit seines Aufenthalts in Cambridge gehalten hat. Ueberall strebt er nach Klarheit, er vertheidigt den Tag, gegenüber der Nacht, er wagt es sogar, die scholastische Philosophie anzugreifen und statt derselben Geschichte, Literatur und Beredtsamkeit als Bildungsmittel zu empfehlen. Von welcher Begeisterung und Idealität der junge Dichter erfüllt war, zeigen noch seine Worte in der schon oben angeführten Vertheidi-gungsschrift, worin er erzählt, wie er in seiner Jugend alles Anstößige meidend selbst von Horaz und Ovid sich abgewendet und zwar ihre Kunst bewundert, sie selbst aber bedauert habe; daß er sich vielmehr zu den Sängern der reinen Liebe und der tiefen Innerlichkeit, zu Petrarca und Dante, gerettet und die Ueberzeu-gung gewonnen habe, daß nur der nicht vergebens um den Lorbeer in dem Reich der Dichtkunst ringe, des-sen Leben selbst ein Gedicht sei. Zunächst habe ihn dann Spencer, der Sänger des christlichen Heldenthums, angezogen, reifere Jahre ihn aber in die „schattigen Räume der Philosophie", hauptsächlich zu den göttlichen Werken Platon's und Xenophon's geführt. Wie männlich und schön ist Milton's Brief, den er im Anfang des Jahres 1632 einem älteren Freunde schrieb, der ihn seines ziellosen Lebens wegen, nämlich daß er noch keinen Beruf ergriffen, getadelt hatte. Nicht allzu große Liebe zum Studiren, schreibt er darin, und Lust, seine Jahre hinter Büchern hinzuträumen, sei es, was ihn zurückhalte. Solcher Neigung stünde die Natur zu sehr entgegen; Einkommen, Stolz, Ehrgeiz und all die schönen Hoffnungen der Jugend und Eitel-keit würden gewiß eine arme, schlecht belohnte Reugier bezwungen haben. Schon allein die Sehnsucht nach

---

*) Elegia prima, v. 27:

Excipit hinc fessum sinuosi pompa theatri         Seu puer infelix indelibata reliquit
Et vocal ad plausus garrula scena suos          Gaudia et abrupto flendus amore cadit;
   . . . . . . . . .          Seu ferus e tenebris iteral Styga criminis ultor.
   Interdum et lacrymis dulcis amaror inest:       Conscia funereo pectora torre movens.

Man will diese letzten Distichen auf Shakspeare's „Romeo" und „Hamlet" beziehen. Vergleiche damit Milton's Gedicht l'Allegro v. 133:

    Sweetest Shakespeare, fancy's child
    Warble his native wood-notes wild.

*) Milton's Apology for Smectymnuus.

eigner Familie und eignem Herd müßte zu einem festen Beruf antreiben, denn eine höhere Stelle gelte ja als die beste Stütze bei der Gründung einer eignen Häuslichkeit. Aber die Ueberlegung, was man zum wahren Werth bedürfe, so schließt er nach weiterer Ausführung seine Vertheidigung, halte ihn zurück, sich wie Andere zu überstürzen, er denke nicht, wie er am raschesten, sondern wie er am tauglichsten ein Amt übernehmen könne, denn die Letzten verlören nichts, wenn der Herr des Weinberges erscheine, Jedem sein Theil zu geben.

In diesem Briefe verschweigt Milton, wahrscheinlich aus Rücksicht auf seinen väterlichen Freund, einem Hauptgrund sich der Kirche nicht zu weihen, wie es sein Vorhaben gewesen. Verhältnisse, wie Land sie durch seinen Druck und seine Verfolgungssucht herbeigeführt hatte, waren wenig geeignet, einem unabhängigen Mann wie Milton Lust einzuflößen, sich und seine Ueberzeugung unter ein solches Joch zu beugen, und Miltons Vater, der selbst eifrig puritanisch gesinnt war, wird kaum etwas gegen den Entschluß seines Sohnes eingewendet haben, obwohl es ein Lieblingswunsch von ihm war, ihn als Geistlichen zu sehen. Später, im Jahr 1641 und 1642 veröffentlichte Milton eine Reihe von Schriften über die englische Kirchenordnung und das Episcopat, auf die wir noch näher zu sprechen kommen werden. Diese enthüllen vollständig den Grund seines Zurücktretens, denn sie zeigen, wie sehr er in seinen religiösen Ansichten von der bischöflichen Kirche abwich. Gerade für das Hauptgebrechen erklärt er darin die Beibehaltung der Ceremonien und bischöflichen Würden, und alle Uebel der Kirche wie des Staats leitet er mehr oder weniger von den Lastern, dem Eigennutz, der Charakterlosigkeit, dem Knechtssinn und den Ausschweifungen der Bischöfe und Prälaten ab.

Somit verließ Milton 1632 die Universität Cambridge, ohne sich einem sogenannten festen Beruf gewidmet zu haben. Milton's Vater muß ein durchaus liberaler Mann gewesen sein, daß er seinen Sohn so gewähren ließ. Wahrscheinlich gedachte er des Zwangs, den er selbst in seiner Jugend erfahren hatte, als er auch seinem Gewissen folgte. Glücklicherweise war er vermögend genug und das Notariat hatte ihm so viel eingebracht, daß er sich nun in Ruhe zurückziehen konnte. Er verließ die geräuschvolle Stadt und wohnte fortan in Horton, einem kleinen Ort in Buckinghamshire, ungefähr siebzehn englische Meilen westlich von London. Nur John begleitete die Eltern, denn Anna, ihre Tochter, hatte sich verheirathet und der jüngere Bruder Christoph studirte im Inner-Temple zu London die Rechte.

Der Kreis, den der Dichter in der Stille des Landlebens fand, war zwar sehr klein, doch genügte er ihm vollkommen. Gerade die Einsamkeit war ihm recht. Nur selten kam er nach London, um das Neueste aus der Literatur oder Musik kennen zu lernen, oder sich für seine mathematischen Studien, die er damals sehr eifrig betrieb, Unterstützung zu holen. Dafür erging er sich in der schönen reichen Gegend, einsame Spaziergänge erquickten ihn nach seiner Arbeit, und diese Freude an der schönen Natur, an der ungetrübten ländlichen Freiheit klingt deutlich in seinen Gedichten, in gar manchem Austrul und manchem schönen Bilde wider. Fünf Jahre verlebte Milton so in ungestörter Muße und doch angestrengter Thätigkeit. Alle griechischen und römischen Schriftsteller wurden noch einmal vorgenommen und studirt, und unter diesen Genüssen und den Freuden, die ihm die Stunden eigner Schöpfung gewährten, schwand ihm die Zeit rasch hin, die er für die glücklichste seines Lebens halten mußte. Seine eignen Dichtungen sind uns billigerweise am wichtigsten. Für sie war es ein großer Schritt vorwärts, daß er trotz seines Eifers für das classische Alterthum dennoch sich immer mehr seiner Muttersprache zuwendete. Mehrere Gedichte, die aus den Jahren seines Aufenthalts zu Horton stammen, sind von hoher Bedeutsamkeit.

Eine der beliebtesten Unterhaltungen jener Zeit bei Hof und in den Schlössern der Lords und Großen des Reichs waren die sogenannten „Masken", kleine theatralische Darstellungen, welche unter der Form einer Allegorie oder als Scene aus der alten Götterwelt irgend einen schmeichelhaften Bezug zu dem Feste des Tages hatten, entweder daß ein hoher Besuch zu begrüßen oder eine Familienfeier zu begehen war. Die Maske recht glanzvoll zu machen, wurde an der Ausrüstung des Ganzen, an Maschinerie und Costümen jeder mögliche Prachtaufwand gestattet und meistens traten die Mitglieder des Adels selbst in den Stücken

— 13 —

auf. Rasches Schürzen und Lösen der Verwickelung, spannende Scenen und unterhaltende Abwechslung mußte daher mit der Gelegenheit zur Entfaltung der rhetorischen und musikalischen Künste verbunden sein, wobei es auf richtige Charakteristik und innere Wahrheit nicht so genau ankam, wenn nur den hohen Künstlern und Künstlerinnen sogenannte dankbare Rollen geboten wurden.

Gehörten nun auch diese Masken, wie man schon ersehen kann, eigentlich nicht in das Bereich der Literatur, sondern nur zu der allezeit blühenden schmeichlerischen Gelegenheitspoesie, so haben sie doch dadurch ein besonderes Interesse erhalten, daß sich wirkliche Dichter zur Composition dieser Stücke bereit fanden. Ben Jonson, zur Zeit von Milton's Jugend poeta laureatus, verfaßte für den Hof eine ganze Reihe solcher Masken, in welchen die Königin selbst aufzutreten liebte. So hat sich auch Milton in dieser Gattung versucht und nach übereinstimmendem Urtheil, mit dem besten Glück. Aus den ersten Jahren seines Aufenthalts zu Horton, wahrscheinlich aus 1634, stammen seine beiden Masken „Arcades" und „Comus". Die erstere ist nur eine kleine Dichtung mit wenigen Gesängen, die zweite dagegen ein vollständig ausgearbeitetes Bühnenstück, das im Herbst 1634 in Ludlow-Castle vor dem Grafen von Bridgewater aufgeführt wurde, als dieser, vom König zum Lord-Präsidenten von Wales ernannt, unter großen Feierlichkeiten sein Amt antrat. Dort kam damals die ganze Familie des Grafen zusammen und der Dichter knüpfte an diesen Umstand in seinem Stücke an.

Die Scene spielt in einem wilden Wald, nicht weit von Ludlow-Castle. Ein schützender Genius, der an Shakespeare's Ariel erinnert, ist von Zeus abgeschickt, um die Sprößlinge der edlen Familie vor Unglück zu bewahren, die zur Familienzusammenkunst eilen und auf dem Weg durch diesen Wald sind. Darin haust aber Comus, der Sohn der Circe und des Bacchus, der in wüster Ausgelassenheit seine lärmenden Feste feiert und seten Wanderer zu einem Trank einladet, dessen Folgen denen ähnlich sind, mit welchen Circe die Menschen plagte. Jeder, der getrunken hat, wird mit einem Thierkopf geziert, ohne daß er es nur merkt. Er vergißt seine Freunde, seine Vergangenheit und schlicht sich der tobenden, sinnlichen Rotte des Zauberers an. Die Kinder nun, zwei Jünglinge und ihre Schwester, aus dieser Gefahr zu retten, ist der Genius erschienen, will aber die Gestalt und Tracht eines alten Schäfers annehmen, um besser wirken zu können. Während er sich nun zurückzieht, stürmt Comus mit seinen Begleitern vor und eine jener taumelvollen Gelage mit Gesang und Tanz beginnt: Comus feiert in begeistertem Dithyrambus die Nacht, „da nur der Tag die Sünde bringt", aber mitten in dem Getümmel befiehlt er Stille und Einhalt. Sein scharfes Ohr hat die Fußtritte einer Jungfrau vernommen, und rasch verbirgt sich die ganze Schaar.

Die Nacht ist hereingebrochen und umhüllt Alles mit ihren dunkeln Schatten. Aengstlich tritt ein Mädchen auf. Es ist die Schwester, aber allein. Die Brüder sind weggegangen, der Ermüdeten Beeren zu bringen, sind aber noch nicht wiedergekommen. In einem kleinen Lied fleht sie zu der Nymphe Echo, ihr den Aufenthalt der Brüder mitzutheilen und wünscht ihr dafür baldige Erlösung von ihrem Zauber, daß sie frei in die Lüfte schweben könne und den ganzen Himmel harmonisch widertönen lasse. Sie selbst hat in ihrer Besorgniß den Platz verlassen, wo sie ihre Brüder erwarten sollte, deren Rückkehr sie kaum noch zu hoffen wagt. Sie hat in der Ferne den Lärmen gehört, den die Schaar des Comus macht, und in der Hoffnung, zu Menschen zu kommen, ist sie hierher geeilt. Doch nun ist es still, sie muß sich getäuscht haben und rathlos steht sie hier um. Da tritt Comus hervor, als Schäfer gekleidet und nach einem rasch wechselnden Gespräch, das in seiner Bestimmtheit und knappen Schärfe wie eine Parampthie des griechischen Drama's erscheint, verspricht er, sie zu den Brüdern zu führen, die er gesehen haben will, und sie folgt ihm vertrauensvoll nach. Kaum sind sie gegangen, so erscheinen die Brüder, welche fast noch im Knabenalter stehen, und von denen der jüngere besonders ängstlich über das Schicksal seiner Schwester ist. Der Aeltere tröstet ihn und belehrt ihn über die unwiderstehliche Kraft der Tugend und Reinheit, durch welche ihre Schwester unverletzt aus der Gefahr hervorgehen werde, so daß der Jüngere entzückt gestehen muß: „Wie herrlich ist doch die göttliche Philosophie, nicht herb und mürrisch, wie die Thoren sagen." Glücklicherweise für sie und die Entführte endigt der als Schäfer gekleidete Genius die Berathung, theilt ihnen die Gefahr der Schwester mit und eilt mit ihnen zu ihrer Befreiung. Die Scene wechselt nun, ein köstlicher Pallast, eine reich besetzte Tafel und sanfte Musik sollen das Herz des geraubten Mädchens, das Comus hierher gebracht, erweichen. Durch seinen Zauber hat er sie gebannt, daß sie nicht vom Sitze aufstehen und nur mit Mühe sich bewegen kann. Standhaft aber weigert sie sich zu trinken und ist gegen alle Gründe ihres Feindes, sich der Lust hinzugeben, taub. „Sei klug und nimm" — so versucht Comus sie zum Trunk zu nöthigen, da stürzen die Brüder mit gezogenem Schwert herein und vertreiben nach kurzem Kampf ihn und seine ganze Schaar. Aber sie verstehen den Zauber nicht zu brechen, der auf der Schwester ruht und rufen Sabrina, die Gottheit der in der Nähe strömenden Severn an, welche von Nymphen und Wassergottheiten begleitet, erscheint und die Gefangene erlöst. Wiederum wechselt die Scene, Ludlow-Castle selbst taucht auf; in fröhlichem, feierlichem Zug werden die Kinder zu ihren Aeltern geleitet, und nach heiterem Tanz schließt der Genius mit einem schönen Epilog. Jubelnd freut er sich seiner Rückkehr zu dem reinen Elemente des Lichts:

„Meine Arbeit ist vorbei!
„Flug und Lauf stehn mir nun frei!
„Zu des Erdball's Marken schwebend,

„Wo der Himmelsbogen sich neigt,
„Eil ich, daß mein Geist sich hebend
„Zu des Mondes Hörnern steigt."

Den Menschen aber preist er die Gnade und Hülfe der Götter:

„Die Tugend liebt, denn sie allein ist frei,
„Zu ihrer Hülfe steigt der Himmel selbst herab."

Die ganze Anlage des Stücks ist die einer „Maske," welche ein andres Ziel hatte, als ein wirkliches Drama. Aber indem Milton alle ihre Bedingungen erfüllte, schuf er doch ein wirkliches Gedicht; er sank nicht zur Schmeichelei herab und huldigte doch der edlen Familie, für die er gedichtet hatte. Im Ganzen zeigt sich der Einfluß der classischen Studien sehr bedeutend, und öfters zum Nachtheil des Stücks, indem die Gelehrsamkeit manchmal zu sehr hervortritt. Auch die tröstliche Auseinandersetzung des älteren Bruders schmeckt etwas stark nach der Lampe. Dennoch aber gilt „Comus" bei den Engländern mit Recht als eine Perle ihrer Literatur. Henry Lowes, der berühmteste Componist Englands zur damaligen Zeit, lieferte die Musik und trat selbst als Genius auf, während die Rolle der Lady und ihrer Brüder von Gliedern der gräflichen Familie gegeben wurde. Gleich damals machte das Stück großes Aufsehen und da Milton sich nicht als Verfasser genannt hatte, wurde Lowes so oft um Abschriften angegangen, daß er nach einigen Jahren das Stück im Druck herausgab. „Jedermann von Gefühl und Geschmack", sagt Hallam, der bekannte englische Literarhistoriker, „mußte gestehen, daß ein großer Dichter sich in England erhoben hatte."

Von ähnlichem Beifall getragen und werthgeschätzt sind die drei größeren Gedichte, die er zu jener Zeit verfaßte. „L'Allegro" und „il Penseroso", zwei Gegenstücke, welche die harmlosen Genüsse eines reinen Gemüths und die Gedankentiefe eines ernsten Mannes schildern, und „Lycidas", eine Elegie auf den Tod seines Freundes Edward King, der auf der Ueberfahrt nach Irland ertrunken war.

Alle diese Dichtungen tragen das Gepräge eines edlen und reinen Charakters. In den Phantasiespielen des „Comus", wie in den bald lieblichen, bald ernsten Bildern aus Natur- und Geistesleben der andern Gedichte bewährt sich überall ein wahrhaft poetischer Sinn und lyrischer Schwung, ein seines Gefühl für den Wohlklang der Sprache, Klarheit des Ausdrucks und gedankenschwere Kürze. Uebrigens sind diese Werke auch durch die Aufschlüsse wichtig, die sie über Milton's Ansichten und Parteistellung geben. Obwohl ein warmer Freund der Freiheit und Anhänger der Puritaner, bedachte er sich nicht, für ein erlauchtes Haus Festspiele zu verfassen, theatralische Dichtungen, die von den Strengsten seiner Richtung so sehr verdammt wurden, wie er ja auch früher schon die Theater zu London besucht hatte. Die Engländer haben von jeher ihre hohen Familien in Ehren gehalten und sie geschätzt, so lange diese die Freiheiten des Landes zu achten verstanden.*) Ueberhaupt war die damalige Bewegung nicht gegen den Adel gerichtet, der

---

*) Vergleiche Paradise lost V, 792.

— — for orders and degrees
Jar not with liberty, but well consist.

zum Theil mit an der Spitze derselben stand oder ihr wenigstens nicht abgeneigt war. Wohl aber erklingen schon im „Lycidas" heftige und kühne Worte gegen die Bischöfe und Prälaten, denen Untergang durch den Apostel Petrus prophezeit wird. Es ist dieselbe Bemerkung, die sich bei so vielen Gelegenheiten immer wieder aufdrängt, daß die englische Revolution ganz wesentlich vom religiösen Gebiet ausging und dadurch erst die unbezwingliche Gewalt erlangte. Daß dennoch die errungenen Erfolge hauptsächlich politischer Art waren, hing mit andern Verhältnissen zusammen.

Das schöne Zusammenleben in Horton erlitt im Frühling 1637 einen schweren Stoß durch den Tod der Mutter. Seitdem hatte der Dichter keine Ruhe mehr in dem kleinen, stillen Ort, zumal da der Zustand des Landes immer trüber und hoffnungsloser wurde. Milton fühlte sich gedrückt und sehnte sich, die schwüle Luft verlassen zu können und unter reinem Himmel neue Anregung und Stärkung zu finden. Es war zur Zeit, da es in Schottland unruhig wurde, als er von seinem Vater die Erlaubniß und die nöthigen Mittel erhielt, eine mehrjährige Reise auf den Continent, besonders nach Italien zu machen. Dort in dem Lande des alten Ruhms und Glanzes hoffte er die beste Förderung seiner Studien, sowie überhaupt reichen Gewinn für seine ganze Lebensanschauung und Bildung. Seinem Vater ließ er in der Pflege und Sorge seines Bruders Christoph und dessen junger Frau zurück, und begann unterstützt durch gewichtige Empfehlungsbriefe im Frühjahr 1638 seine Reise.

Sein Weg führte ihn zunächst nach Paris, wo er Hugo Grotius, der damals schwedischer Gesandter am französischen Hofe war, besuchte, sich aber nicht lange aufhielt, sondern dem Ziel seiner Wünsche, Italien, zueilte. Es kann nicht unsere Absicht sein, einen genauen Bericht über diese italienische Reise zu geben; wir heben nur hervor, was für die Entwickelung Miltons als Dichter wichtig erscheint. Sein Hauptaufenthalt war zu Florenz, Rom und Neapel, wo er überall freundlich aufgenommen wurde und sich durch sein feines Benehmen, seine Kenntnisse und Talente warme Freunde erwarb. Schon rüstete er sich, nach Sicilien und Griechenland überzusetzen, als ihn die Nachrichten aus England, die den Ausbruch des Bürgerkriegs meldeten, zur Heimkehr bewogen. Er wünschte wohl, seinem Vater näher zu sein und hielt es nicht für recht, wie er selbst sagt,*) sich in Zeiten der Gefahr seinem Vaterland zu entziehen, um vielleicht selbst gemächlicher zu leben. Johnson spottet darüber in seinem Leben Miltons, da dieser nach so großen Worten nichts, als die Errichtung einer kleinen Schule zu Stande gebracht habe. Wie unbegründet dieser Spott ist, zeigt die Reihe von Schriften, die Milton in den nächsten Jahren über die verschiedensten Verhältnisse seines Landes veröffentlicht hat, und die den größten Einfluß auf die Stimmung Englands ausübten. Aber selbst wenn er nichts weiter leiste leisten können, als daß er offen und rückhaltlos einer Partei sich angeschlossen hätte, es wäre schon ehrenvoll genug gewesen. Nicht Jeder ist berufen, am Steuer des Staatsschiffs zu stehen, doch es ist das Zeichen eines gesunden, mächtigen Landes, wenn der Einzelne sein Wohl und Wehe mit dem des Vaterlandes verbindet, wie es Milton hier gethan hat.

Nur drei Monate über ein Jahr war der Dichter von Hause entfernt gewesen, aber, wie er vorausgesehen hatte, knüpften sich an diese Reise eine Reihe erfolgreicher Ideen und Entschlüsse.

Wie nach beinahe anderthalb Jahrhunderten Italien auf Goethe wirkte, so empfand auch Milton den vollen Einfluß des südlichen Himmels in diesem ewig schönen Land, das durch den Reichthum seiner classischen Erinnerungen in der Fülle seiner Kunstschätze niemals altern wird, und das zu jener Zeit auch noch ein neu erstandenes reges geistiges Leben kannte. Angeregt durch solche Eindrücke, wuchs seine Begeisterung für die Dichtkunst immer mehr, bildete sich sein Sinn und sein Gefühl für ideale Schönheit und Erhabenheit immer mehr aus. Wunderbar, grade in dem Vaterlande der bisher von ihm gepflegten antiken Poesie, wo er stets neue Aufforderung zu lateinischen Dichtungen fand, erstarkte in ihm der Entschluß, in heimischer Sprache der Sänger seines Landes zu werden, und sich an dem Ruhm genügen zu lassen, den ihm Englands Volk gewähren könne. Nach dieser Palme aber zu ringen, das wurde sein fester Entschluß, den ihm

---

*) Defensio secunda.

die Denkmäler der großen Vorzeit, unter denen er wandelte, immer fester einprägten. In einer bald nach seiner Rückkehr erschienenen Schrift über die Kirchenordnung knüpft er im zweiten Buch an seine italienische Reise an, erzählt, wie er von dem Gedanken, etwas Großes zu leisten, angefeuert worden sei und stellt den schönen Gedanken auf, den er Jahrzehnde später, alt und blind, verwirklicht hat, daß das Hauptziel aller literarischen Bestrebungen immer Gottes Verherrlichung und dann des Vaterlandes Ehre, Ruhm und Bildung sein müsse. Darum habe er sich, wie einst Ariosto, entschlossen, allen Fleiß auf seine Muttersprache zu verwenden und seine Kräfte an einem Werk zu versuchen, das ihn in den Marken seines Vaterlandes berühmt mache, wenn es auch den unsterblichen Schöpfungen Athens und Roms nicht gleich komme.[*] Nur sei er noch im Zweifel über den Gegenstand und die Form des Werks. Vielleicht versuche er, Homer, Virgil und Tasso nacheifernd, ein Epos zu dichten, oder er nehme sich Sophokles und Euripides im Drama zum Vorbild. Vielleicht könne er sich auch der Lyrik zuwenden, für welche das alte Testament die unübertroffensten Muster habe. Bestimmter noch spricht sich Milton in einem lateinischen Gedicht an Baptista Manso, Marquis von Villa aus, der ihn in Neapel auf die zuvorkommendste Art aufgenommen und ihn, wie einst Tasso, seiner Freundschaft gewürdigt hatte. „O möge mir das Geschick", ruft Milton darin aus, „einst einen solchen Freund geben, der die Söhne Apolls zu ehren weiß, wenn ich je vielleicht die vaterländischen Könige im Lied erstehen lasse, und Artus, der selbst noch in der Unterwelt im Kampf bestehet, oder wenn ich von den großherzigen Herven, den Helden der unbesiegten Tafelrunde singe, und, wozu mir die Kraft nicht fehlen möge, die sächsischen Schaaren unter die britischen Waffen beuge.["] So sehen wir, daß Milton, wie später sein Schüler Klopstock, sich mit dem Gedanken eines großen vaterländischen Gedichtes trug. Aber wenn er auch noch lange Zeit hindurch diese Absicht hegte, und
- die stürmische Zeit politischer Thätigkeit ihn davon nicht abbringen konnte, so erhob sich doch die Idee eines religiösen biblischen Gedichtes mit immer höherer Kraft in ihm. Die ganze Zeitentwicklung war von religiösen Kämpfen bedingt und der Gedanke eines Werks zur Verherrlichung Gottes war dem frommen Dichter schon frühe gekommen. Die italienische Reise hatte ihn aufs Neue lebendig gemacht. Denn grade in dieser Zeit, in der er sich so lebhaft mit einem vaterländischen Heldengedicht beschäftigte, wie aus dem angeführten Versen hervorgeht, soll ein Schauspiel, das er auf der Durchreise in Mailand sah, seinen Geist ganz eigenthümlich ergriffen habe.[***]

Ein schon 1613 und noch einmal 1617 gedrucktes geistliches Schauspiel, Adamo von Andreini, soll nämlich solchen Eindruck auf Milton gemacht haben, daß hauptsächlich daher sein Entschluß stamme, den Gegenstand seines Gedichts statt aus der Sage und Geschichte aus einem höheren Gebiet zu wählen. Noch ist Andreini's Werk erhalten. Es ist ein Mysterium, wie man sie im Mittelalter oft darstellte, doch verräth es mehr Bildung und Kenntnisse, als die meisten Stücke dieser Art. Andreini war mit Virgil und den Kirchenvätern vertraut, und sein Schauspiel ist nicht ohne Phantasie und Feuer. Nun ist es nicht unmöglich, daß bei der Ungewißheit, in der Milton über seine ferneren dichterischen Arbeiten war, dieses Stück, das er auf einer großen Bühne mit Glanz und Pomp dargestellt sah, wesentlich dazu beitrug, ihm eine religiöse Dichtung als das erhabenste Werk darzustellen. Mögen auch Jahre darüber hingegangen sein, die Eindrücke,

---

*) Denselben Gedanken äußert Milton in einem lat. Gedicht: Epitaphium Damonis:

  Mi satis ampla
Merces et mihi grande decus (sim ignotus in aevum
Tum licet, externo penitusque inglorius orbi)
Si me flava comas legat Usa et potor Alauni
Et Tamesis meus ante omnes — — —.

**) Mansus, v. 78.
O mihi sic mea sors talem concedat amicum,        Aut dicam invictae sociali foedere mensae
Phoebaeos decorasse viros qui tam bene norit,      Magnanimos heroas; et — O modo spiritus adsit —
Si quando indigenas revocabo in carmina reges    Frangam Saxonicas Britonum sub marte phalangas.
Arthurumque etiam sub terris bella moventem!

***) Voltaire, essay on Englisch Lit. u. Hayley, the life of M. II., 125 sqq..

die Milton in Italien schöpfte, gingen nicht verloren, ja sie mögen immer stärker hervorgetreten sein, als ewige Nacht den Greis umhüllte. Das beweisen uns zahlreiche Anspielungen des „Verlorenen Paradieses". So heißt es z. B. im ersten Gesang. B. 289, wo Satan's Schild mit dem Monde verglichen wird:

Ding der breite Kreis
Doch auf den Schultern, wie des Mondes Scheibe,
Wenn sie durchs Glas Toskanischs Künstler sieht,*)
Des Abends von Fiesele's Gebirg
Und von Valdarno, neues Land entdeckend
Sammt Fluß und Bergen auf dem fleckigen Kreise.

Und gleich darauf, B. 301:
Hier rief er seiner Heerde,
Den Engeln, die erstaunt in Schaaren lagen,
Herbstblättern gleich, auf Valombrosa's Bäche
Gestreut, wo die Etrurischen Schatten sich
In Bogen wölben.

Der Einfluß des italienischen Aufenthalts auf Milton ist überhaupt nicht genau zu bestimmen. Wie sehr die großartigen Schöpfungen eines Michel-Angelo in Architektur und Malerei, dessen Darstellungen aus der biblischen Geschichte den bibelfesten Dichter ergriffen, wie viel überhaupt die Schöpfungen der neuen italienischen Kunst auf ihn gewirkt haben, können wir nicht mit Bestimmtheit sagen. Aber die italienischen Dichter blieben ihm immer lieb und vertraut, und unter diesen war ja der größte Genius seines Jahrhunderts, Dante Allighieri, dessen Vaterstadt Florenz ihn aufgenommen und ihn gewiß mit Begeisterung für diesen Propheten erfüllt hatte.

---

Eine wichtige Periode seines Lebens begann Milton mit seiner Heimkehr nach England. Die schöne sorgenfreie Zeit der Jugend war verstrichen, aus dem Jüngling war ein einunddreißigjähriger Mann geworden, der bald thätig für die Geschicke seines Vaterlandes auftreten sollte. Vorerst aber suchte er einen ihm angemessenen Lebensberuf zu ergreifen und eröffnete deßhalb in London eine Schule, in welcher er Knaben bis zu ihrem sechzehnten Jahre, also bis zu ihrem Abgang auf die Universität, unterrichtete. Unter seine Schüler gehörten die beiden Söhne seiner Schwester, Johann und Eduard Philips, von denen der letztere später sein Biograph wurde. Mehr als acht Jahre hat Milton mit dem größten Eifer und dem besten Erfolge seine Lehrthätigkeit ausgeübt, und selbst Johnson, der ihm aus politischer Abneigung gern Alles zum Schlechtern auslegt, muß anerkennen, daß er Vorzügliches geleistet habe. Und doch hat er dabei seine Privatstudien und Arbeiten nicht versäumt, ja gerade in diesen Jahren hat er jene berühmten Streitschriften herausgegeben, die ihn bei seinen Lebzeiten weit berühmter machten, als alle seine poetischen Werke.

Das traurige Geschick König Karl's erfüllte sich rasch. Es ist hier nicht der Platz, den Lauf der Ereignisse eingehend zu schildern. Die Leidenschaften erhoben sich in immer heftigerem Kampf, der die Parteien weit über das Anfangs erstrebte Ziel hinausriß. Nach der Hinrichtung Straffords war der König völlig schwankend und rathlos. Petitionen des Parlaments schlug er heute ab, um sie morgen zu bewilligen. Noch hätte Karl durch richtige Politik den Sieg erlangen können. Das Parlament verlor an Boden durch die neuen Auflagen, die es ausschreiben mußte, um das Heer der Schotten zu bezahlen, und bei einem bedeutenden Theil der Nation und durch seine Angriffe gegen das Episcopat. Die Mehrheit des Volkes schien sich dem König wieder zuwenden zu wollen. Milton, der vollständig auf der Seite des Parlaments stand, leistete ihm in dieser gefahrvollen Lage durch seine Feder die besten Dienste. Durch die Veröffentlichung mehrerer Schriften, „über die Reformation und die Ursachen, die ihre vollständige Durchführung verhindert haben", „über Prälatenthum und Episcopat", „über die Einrichtung der Kirchenregierung" u. a. m. suchte er die Gegner einer freieren Kirchenverfassung zu schlagen. Wie gut ihm dies gelang, zeigen am besten die schwachen Entgegnungen, welche die bischöfliche Partei ihm entgegenzusetzen wußte. Aber noch wirksamer als Miltons Schriften führte König Karl selbst dem Parlament die wankenden Anhänger zurück. Er drang den 3. Januar 1642 in den Sitzungssaal der Gemeinen, um die Verhaftung der hervorragendsten Mitglieder

---

*) Galilei, den der Dichter selbst besucht hat. Die Verse, sowie alle angeführten Stellen des „Verlorenen Paradieses" sind der trefflichen Uebersetzung Böttgers entnommen.

zu bewerkstelligen, die aber schon benachrichtigt und geflohen waren. Diese überrilte That erregte die ganze Stadt. Das Parlament und in ihm die Freiheit war bedroht, die City waffnete sich, gerüstete Schaaren zogen vom Lande herbei und der König hielt es für gerathen, seine Hauptstadt wenige Tage darauf zu verlassen, die er nur als unglücklicher Gefangener und Verurtheilter wieder sehen sollte.

Der Bürgerkrieg brach nun offen aus. Beide Theile warben Truppen, und es kam zum Kampf. Die Königlichen waren Anfangs glücklich, denn in ihren Reihen fochten die jungen gewandten Edelleute mit ihrem geübten, an Disciplin gewöhnten Gefolge gegen rasch ausgehobene, oft unkriegerische Milizen. Als aber das Parlament auf Cromwells Rath sein Heer umbildete, als die Independenten sich einreihten, jene furchtlosen Schwärmer, die für Gott gegen den Antichrist zu fechten glaubten, und Cromwell's Geist die Leitung übernahm, da änderte sich rasch die Lage. Die Schlachten von Marstonmoor 1644 und Naseby 1645 entschieden gegen Karl, der sich im folgenden Frühjahr dem Schottischen Heer, das zur Unterstützung der Parlamentstruppen die Grenze überschritten hatte, ergab. Er hätte um keinen Preis seinen englischen Unterthanen in die Hände fallen mögen, und hoffte noch, die Schotten für sich zu gewinnen. Umsonst, diese verkauften ihn für die Summe von viermalhundertausend Pfund Sterling an das englische Parlament. Dieser hatte unterdessen seinen Charakter geändert. Wie die Royalisten früher von den Puritanern, so waren diese nun von den Independenten überflügelt und der Macht beraubt. Eine Vergleichung dieser puritanischen, oder, wie wir sie nun genauer nennen müssen, presbyterianischen Partei mit den Girondisten der großen französischen Revolution liegt sehr nahe. Beide Parteien begannen die Bewegung, wurden aber von ihr überwältigt, als sie nach Gutdünken Einhalt thun wollten. Wie die Girondisten, versuchten auch die Presbyterianer eine Ausgleichung mit dem König, dem Schloß Hamptoncourt zum Aufenthalt angewiesen war. Aber dieser knüpfte heimliche Verbindungen mit den Schotten und Irländern an und entwich auf die Insel Wight. Das besiegelte sein Schicksal. Eine Militärrevolution fand in London statt, alle presbyterianischen Mitglieder des Parlaments wurden ausgestoßen und vor der nun nur noch aus fünfzig bis sechzig Independenten bestehenden Versammlung, dem sogenannten Rumpfparlament, verlangte im December 1648 der Rath der Officiere, daß Karl Stuart in Anklagezustand versetzt würde. Cromwell, der bisher den letzten Widerstand in Schottland gebändigt hatte, war nun in London zurück und stand an der Spitze der Independenten. Ein Gerichtshof wurde eingesetzt und Karl zum Tode verurtheilt. Am 30. Januar 1649 fiel in Angesicht einer unzähligen Menge vor dem alten Palaste Whitehall das Haupt des unglücklichen Monarchen! —

Wie sich Milton in den Wogen dieser aufgeregten Zeit verhielt, kann nach seiner Vergangenheit nicht zweifelhaft sein. Doch war sein Streben zu rein und unirgennützig, zu ideal, um allen Vorgängen zufrieden zu sein, wie er denn auch in mehreren Schriften dem Parlament Vorstellungen machte und ebenso gut gegen den geistigen Druck protestirte, welchen die Presbyterianer auszuüben versuchten, als er gegen Laud's Maßregeln sich erhoben hatte.*) In einer 1644 erschienenen Schrift „Areopagitica" wandte er sich an das Parlament, das durch strenge Censurvorschriften die Freiheit der Presse vernichtet hatte, um jede ihm feindliche Stimme zu unterdrücken. Milton forderte in seiner Schrift, die als ein Meisterstück ihrer Gattung gilt, die vollkommenste Freiheit für das geschriebene Wort, die er als das edelste Gut der Menschheit, als die Grundlage jedes geordneten Gemeinwesens erklärte. In seinen begeisterten Worten liegt eine hinreißende Kraft und Beredtsamkeit, und die Engländer danken ihm noch heute den Genuß dieser für ein aufstrebendes Volk unschätzbaren Gabe, deren frühester und edelster Vertheidiger er war.

---

*) Vrgl. Sonnet XII:

> That hate for freedom in their senseless mood
> And still revolt, when truth would set them free.
> License they mean when they cry Liberty
> For who loves that, must first be wise and good.

Fast komisch wird es freilich, wenn Chateaubriand, ein begeisterter Verehrer des Dichters, dem er eine eigne Abhandlung gewidmet hat und den er auch in seinen übrigen Werken,

besonders in dem Genie du Christianisme oft erwähnt, in einem Gedicht „Milton et Davenant" sagt:

Milton, le grand Milton (pleurons sur les humains)
Prodiguait son génie à de sols puritains,
Il detestait surtout, dans son independence
Le parti malheureux, qu'une noble constance
Attachait à son roi.

Während Milton aber mit warmem Herzen die Entwicklung der politischen Geschicke seines Vaterlandes verfolgte, war sein eignes häusliches Leben von schweren Prüfungen nicht frei. Er vermählte sich 1643 mit Marie Powell, der Tochter eines Friedensrichters zu Foresthill, bei Shotover in Oxfordshire. Doch ruhte kein Segen auf dieser Verbindung und der Bürgerkrieg, der ganz England in zwei feindselige Parteien spaltete, der die Zwietracht selbst in den Schooß der Familien trug, vernichtete auch das Glück unseres Dichters. Die Familie Powell war streng royalistisch gesinnt und es ist bis jetzt noch nicht erklärt, wie die Verbindung zu Stande kam. Keinenfalls war sie passend. Schon wenige Wochen nach der Hochzeit verließ die junge Frau ihren Mann, ging für die Zeit der Sommermonate auf Besuch zu ihrem Vater zurück und weigerte sich, als der Herbst kam, zu Milton zurückzukehren. Es war die Zeit, da König Karl's Sache am günstigsten stand, und die Ehe mit einem Anhänger des Parlaments der royalistischen Familie nun anders erschien, als wenige Monate zuvor. Andere Gründe für ihre Weigerung sind wenigstens nicht denkbar. Milton's zartfühlender Sinn fand sich auf das Tiefste gekränkt und sein Selbstgefühl war schwer verletzt. Nachdem alle Unterhandlungen fruchtlos geblieben waren, sagte er sich von seiner Gattin los, und die Frucht dieser bitteren Erfahrungen war seine Schrift über Ehescheidung, die 1644 erschien und gleichfalls, wie die Areopagitica, dem Parlament gewidmet war. Milton verlangte darin, gestützt auf Aussprüche des alten und neuen Testamentes, größere Erleichterung der Ehescheidung. Denn gegenseitige Förderung und Unterstützung sei der Hauptzweck der Ehe, der demnach bei einem durch Charakterverschiedenheit, Abneigung und Leidenschaftlichkeit unverträglichen Paare nicht erreicht werden könne. Das Buch ist kein Werk frivolen Leichtsinns, dem der Verfasser ganz fremd war, vielmehr spricht sich in jeder Zeile dieser Abhandlung die erhabenste Ansicht über die Bedeutung der Ehe aus und nirgends schöner, denn gerade hier zeigt sich Milton's ideales Gefühlsleben. Auch das „Verlorene Paradies" hat unübertrefflich schöne und innige Aussprüche über Ehe und Liebe, und wir mögen daraus auf seine Empfindungen schließen, die ihn zu jener Zeit gequält haben mögen. Seine Schrift machte übrigens das größte Aufsehen, sie wurde neu aufgelegt und zog ihm von Seiten der geistlichen Commission eine Anklage vor dem Oberhaus zu, das ihn aber freisprach.

Erst als die Partei des Königs mehr und mehr zu unterliegen drohte, dachte die Familie Powell wieder an eine Aussöhnung und erlangte dieselbe durch eine Art von Theatercoup, indem Milton bei einem Besuch, den er einem Verwandten abstattete, plötzlich durch seine Gattin überrascht wurde, die in das Zimmer stürzte und ihm reuig zu Füßen fiel. Milton wies sie Anfangs ab, ließ sich aber bald zur Verzeihung bewegen. Die berühmte Scene des „Verlorenen Paradieses", in der Adam's Streit und Versöhnung geschildert wird, betrachtet man als eine Darstellung seines eignen Schicksals.

Milton's Vater war auch zu ihm nach London gezogen, da ihm der Landaufenthalt nicht mehr sicher genug war und das geräumige Haus, das der Dichter für seine Familie und seine Schüler gemiethet hatte, füllte sich bald noch mehr, als die Aeltern und Geschwister seiner Frau, die ihn bisher so feindselig behandelt hatten, zu ihm flüchteten und bei dem Sturz der Monarchie unter seinem Schutz und durch seine Vermittelung gerettet wurden. Sein Vater starb mitten in dieser unruhigen Zeit, 1647, nachdem er sich noch über eine kleine Enkelin hatte freuen können.

Die einfache Erzählung dieser häuslichen Ereignisse gibt schon eine genügende Erklärung, warum Milton für einige Jahre nichts veröffentlichte, sondern sich ganz seiner ruhigen Beschäftigung und seinen Studien hingab. Dichterischen Werken war die Zeit abhold und die Muse verstummte unter dem Lärmen der inneren Zwietracht. Die schöne Volksdichtung wie die leichte Hofpoesie der letzten Jahrzehnde verschwand vor dem Ernst des Lebens. Aber auch für politische Erörterungen war kein Raum, da sich die Ereignisse überstürzten und die Begebenheiten stärker waren als die Menschen. Erst die Hinrichtung des Königs und die Gründung der Republik gaben einen Anhaltspunkt. Der Sturm hatte ausgetobt, nachdem so viele edle Opfer gefallen waren, Cromwell führte als Lord-Protector eine ruhigere Zeit herbei. Milton war mit der neuen Ordnung der Dinge einverstanden und veröffentlichte zu ihrer Vertheidigung, insbesondere zur Rechtfertigung des Verfahrens gegen den König, eine Anzahl von Schriften, von denen die „Ueber das Recht der Könige und Obrigkeiten", „Ikonoklastes" und „Defensio pro populo Anglicano" die bekanntesten sind, und die ihn in einen heftigen Streit mit dem bekannten Philologen Salmasius zu Leyden verwickelten.*) Man mag über Milton's politische Lehren und Ansichten denken, wie man will, Reinheit des Willens, Hoheit des Charakters und begeisterte Vaterlandsliebe muß ihm ein Jeder zusprechen.

Die Aufmerksamkeit der republikanischen Partei war durch diese schriftstellerische Thätigkeit schon lange auf ihn gelenkt und unerwartet, da er grade mit einer Geschichte Englands beschäftigt war, von der auch 1670 sechs Bücher bis zur Eroberung durch die Normannen erschienen sind, wurde er berufen, als Secretär in den Staatsrath der Republik zu treten. Cromwell erließ seine Staatsschriften alle in lateinischer Sprache, um sich der Weltherrschaft der französischen zu entziehen, und fand deßhalb Niemanden passender für seinen Zweck als Milton. So trat dieser in den Staatsdienst, in dem er bis zur Restauration der Monarchie verharrte und allen damals ausgehenden politischen Sendschreiben und Erklärungen den Stempel seines klaren Geistes aufdrückte. Er versah sogar sein Amt, als ihn das schwere Unglück völliger Blindheit heimsuchte. Schwache Augen hatte er als Erbtheil von seiner Mutter, die schon im 30sten Jahr eine Brille tragen mußte, aber erst die anhaltenden Studien hatten seine Augen so sehr angegriffen, daß er schon seit mehreren Jahren eine allmählige Erblindung des einen Auges wahrnahm. 1654 verlor er völlig sein Gesicht und seine Feinde erklärten es laut triumphirend für eine Strafe und einen deutlichen Wink des Himmels. Sie wandten den bekannten Virgil'schen Vers auf ihn an:

Monstrum horrendum, informe, ingens, cui lumen ademtum.

Milton trug jedoch die Prüfung mit der völligen Ruhe und Heiterkeit seines großen Geistes. So schrieb er an den Gesandten des Herzogs von Parma in Paris, an den Athener Leonhard Philaras, der ihn besucht und ihm einen Arzt in Paris empfohlen hatte.**)

... „Wenn mir auch von Seiten Ihres Arztes ein wenig Hoffnung bleibt, so suche ich doch mein Gemüth als gegen ein unheilbares Uebel gefaßt zu machen und zu beruhigen, indem ich oft bedenke, daß da der Tage der Finsterniß, wie der weise Mann erinnert, viele uns Menschen zugezählt sind, meine Finsterniß bisher durch besondere Gnade Gottes, unter Arbeit und Muße, in dem Umgang meiner Freunde weit erträglicher war, als die tödtliche Finsterniß, auf die er zielt. Denn wenn der Mensch, wie geschrieben steht, nicht vom Brod allein lebt, sondern von einem jeglichen Wort, das aus dem Munde Gottes geht, warum soll sich Einer nicht auch mit dem Gedanken beruhigen, daß das Licht der Augen für ihn nicht das einzige sei, sondern daß er, durch die Leitung oder Vorsehung Gottes genugsam erleuchtet werde?"

„So lange er also für mich in die Zukunft hinaussieht, so lange er selbst für mich sorget, wie er es thut, und mich vor- und rückwärts bei der Hand führt, wie mein ganzes Leben hindurch geschah, soll ich nicht mit Freuden meine Augen Sabbath halten lassen, weil es so sein Wille zu sein scheint? Was aber immer der Erfolg Ihrer gütigen Bemühungen sein mag, ob sie theurer Philaras, so sage ich Ihnen mit einem ebenso entschlossenen und standhaften Gemüth, als ob ich Lynceus selbst wäre, mein Lebewohl."

Die Bemühungen des Freundes blieben umsonst, wie Milton vorausgesehen hatte. Die letzten Jahre vor der völligen Erblindung waren auch noch sonst für Milton schwer. Sein drittes Kind, das einzige Söhnchen, starb ihm sehr frühe und die Mutter folgte ihm bald darauf, nachdem sie noch eine Tochter geboren hatte. Eine zweite Ehe, die Milton mit Katharina Woodcod nach Verlauf einiger Jahre einging, trennte der Tod ebenfalls sehr rasch. Wir haben ein wahrhaft rührendes Sonnet von ihm, das in einfach kindlicher und ergreifender Weise seine Klage und seine Sehnsucht nach ihr ausdrückt. Er träumt und im Traume wird ihm seine Gattin zurückgebracht, wie einst Alceste von Herakles. Weiß gekleidet erschien sie, rein wie ihr Gemüth; ihr Gesicht war verhüllt, doch ihre Liebe, Sanftmuth und Güte leuchteten so klar,

---

*) Vortrefflich sind Milton's poetische Schriften dargelegt von Dr. G. Weber in Heidelberg in Raumers histor. Taschenbuch 1852 und 1853. Dem zierlichen Voltaire mußten freilich die derben Kolbenschläge, mit denen Milton seinen Gegnern zusetzte, mißfallen. „Il réfuta Saumaise", sagt er, „comme une bête féroce combat un sauvage, livre (il faut l'avouer) aussi ridicule par le style que détestable par la matière."

**) Vom 24. Sept. 1654; f. Weber in Raumers hist. Taschenbuch. Anmerkungen.

wie sie sein anderes Menschenantliß verklärten. Doch als sie sich zu ihm beugte, ihn zu umarmen, erwachte er, das Bild entfloh „und der Tag brachte mir meine Nacht zurück."*)

Ueberhaupt ist die leider nur zu geringe Anzahl von Sonnetten, womit er die bedeutendsten Momente seines Lebens begleitete, ein höchst interessanter Beitrag zu seiner Würdigung als Dichter und Mensch. Von dem Sonnet an seinem dreiundzwanzigsten Geburtstag bis zu der Klage um die Theure, über der sich das Grab für immer geschlossen hat, zieht sich eine Reihe der kräftigsten und edelsten Betrachtungen, die Macaulay nicht mit Unrecht den Aufzeichnungen eines Tagebuchs verglichen hat. Ein Sieg, ein Angriff der Feinde auf die City, der Eindruck seiner Schriften, Freude und Trauer sind die Themata dieser herrlichen Dichtungen, welche sich durch die Innigkeit der Empfindung, die Einfachheit und Kraft der Darstellung auszeichnen.

Milton blieb, wie schon gesagt, troß seiner Blindheit im Amt und war nicht nur dafür thätig, sondern setzte auch mit Hülfe eines Vorlesers seine sonstigen Studien und Beschäftigungen eifrig fort. Schwach und blind aber, wie er war, vermißte er schmerzlich vertraute Liebe und Unterstüßung, zumal als bald nach Oliver Cromwell's Tod die Restauration erfolgte und König Karl II. seinen triumphirenden Einzug in London hielt. Milton, wenige Wochen vorher seines Amtes entlassen, sah sich bedroht und hielt sich bei einem Freunde in der Nähe von London verborgen. Seine beiden Bücher defensio pro populo Anglicano und Ikonoklastes wurden öffentlich vom Henker verbrannt und ein Verhaftsbefehl gegen den Verfasser derselben erlassen. Gleich darauf aber beschloß das Parlament eine allgemeine Amnestie, von der nur zwanzig Personen ausgenommen waren, und der blinde Flüchtling konnte wieder sicher in London erscheinen. An diese Rettung Miltons knüpft sich eine romantische Erzählung. Sir William Davenant, ein eifriger Royalist und später der gekrönte Port Karl's II. war 1650 auf die Insel Wight und später in dem Tower nach London zu seiner Verurtheilung gebracht worden und sein Leben war sehr gefährdet. Milton's Verwendung verschaffte ihm die Freiheit und aus Dankbarkeit, um Leben mit Leben zu bezahlen, soll Davenant durch seinen Einfluß beim König den Pardon für seinen Retter ausgewirkt haben.

Eine dritte Ehe, zu der sich Milton bewegen ließ, sollte ihm seinen Zustand erleichtern, den er in der schönen, wunderbar ergreifenden Stelle seines „Verlorenen Paradieses" schildert.**) Er gedenkt dort Homers und der berühmten Männer des Alterthums, die gleiches Loos der Blindheit mit ihm trugen.

| | |
|---|---|
| Dann nähr' ich von Gedanken mich, die willig | Ganz abgetrennt vom Umgang froher Leute, |
| Harmonische Verse werden, wie im Dunkel | Und statt des Buches herrlicher Erkenntniß |
| Der wache Vogel unterm Schattenlaub | Ward mir ein weißes Blatt nur vorgelegt. |
| Den nächtlichen Gesang ertönen läßt. | Die Werke der Natur sind todt für mich, |
| Die Jahreszeiten kehren jedes Jahr, | Der Weisheit Pforten gänzlich mir geschlossen, |
| Mir aber kehrt der Tag nicht, noch der süße | Drum scheine heller du, o himmlisch Licht, |
| Anblick des Morgens und des Abends wieder; | Im Innern mir, durchflamme jede Kraft |
| Die Schönheit nicht der holden Frühlingsblumen, | Der Geister, pflanze dahinein die Augen |
| Die Sommerrosen und die Heerden nicht, | Und reinige sie von jedem Nebelflor |
| Noch auch das göttliche Gesicht der Menschen. | Daß solche Dinge ich sagen kann und schauen, |
| Dafür umgiebt mich Wolken ew'ger Nacht. | Die unsichtbar dem sterblichen Gesicht. |

Im Jahre 1662 wurde er mit Elisabeth Minshull aus einer angesehenen, aber wahrscheinlich unbemittelten Familie getraut. Doch sein häusliches Glück sollte nie ungetrübt sein. Aus seiner ersten Ehe lebten ihm noch drei Töchter, von welchen die älteste damals fünfzehn, die jüngste neun Jahre zählte. Eine Ueberlieferung wirft ihnen ein hartes und unkindliches Benehmen gegen ihren Vater vor, den die jüngste und von ihm am meisten geliebte sogar heimlich verließ. Die Erziehung der Kinder kann bei der Krankheit

---

*) Sonnet XXIII: „Her face was veil'd, yet to my fancied sight
Love, sweetness, goodness, in her person shin'd
So clear, as in no face with more delight.
But O, as to embrace me she inclin'd,
I wak'd, she fled, and day brought back my night."

**) P. C. III, 37—55.

des Vaters und dem Mangel mütterlicher Sorge gewiß nur sehr mangelhaft gewesen sein und in den letzten Jahren seines Lebens entschlüpften dem Greis zu Zeiten bittere Klagen über die Behandlung, die ihm zu Theil wurde. Den einzigen Trost fand er daher nur in dem regen geistigen Leben seines Innern.

So nahm er denn in seiner Muße und Abgeschiedenheit das Werk, das er schon vor mehreren Jahren begonnen, mit besonderem Eifer vor, sein unsterbliches Gedicht, „Das verlorene Paradies". Nach der Erzählung seines Neffen Philips hat Milton den Gegenstand Anfangs als Tragödie behandeln wollen. Auch findet man unter seinen Papieren, in dem Manuscript des Gedichts, das jetzt im Besitz der Bibliothek des Trinity-Collegs in Cambridge ist, noch Entwürfe und Pläne dazu. Ja, man bezeichnet noch einzelne Stellen, die ursprünglich dramatisch gedichtet, später in das Gedicht eingereiht worden sind. Es sollte das Stück mit der wilden Anrede Satans an die Sonne, als einem großartigen Monolog beginnen, der jetzt im Beginn des vierten Gesanges steht. Der Gedanke eines Drama's knüpft sich eng an die früheren Ideen und Erlebnisse in Italien. Allein sein Sinn hatte sich allmählig geändert. Zwar hatten ihn die Erfahrungen über die menschliche Schwäche und Unbeständigkeit, sowie sein eignes, schweres Leiden nicht verbittert, denn noch bis zum letzten Athemzug war er voll Liebe und Interesse für die Geschicke seines Landes und die Entwickelung der menschlichen Cultur, aber die Ansichten seiner Jugend und seines Mannesalters waren doch in vielen Punkten nicht mehr dieselben. Die ganze Literatur seiner Zeit, besonders die Bühne mit ihrer Frechheit, war ihm fremd geworden. Er fühlte sich einsam auch in seinem Geschmack und seiner Richtung, erhaben über das kleinliche Modetreiben der Restauration. Und ebensowenig konnte er mit den Grundsätzen, die ihn stets geleitet hatten, die öden Rittergedichte, die Helden und Turniere der feudalen Romantik lieben.

„Nimmer mocht ich ja
Blutraeche Schlacht brüngen, die bisher
Als einz'ger Stoff des Heldenliedes galt,
Deß höchste Kunst es war, in langgedehnten
Gefechten fabelhafte Rittersleute
Dahin zu schmettern, wüthend jenen Muth
Des Marterthums und der Gewalt von Keinem
Bisungen ward; es galt allein Turniere,
Wettspiele zu erobern, Schild und Wappen,
Einnbilder, Roß und goldgewirkte Decken,
Pomphaft geschmückte Ritter in der Bahn.
Auch sang man noch von fürstlich hohem Mahl,
Von Truchseß und von Seneschall umgeben,
Von nichtigen Dingen, sonder Kunstgeschick,
Die nicht mit Recht dem Ritter und dem Lied
Den heldenmüthig hehren Namen leihn.
Mir, der ich nicht für selchen Sang geschaffen,
Verbleibt ein größerer Stoff, der schon durch sich
Den Namen des Heroischen erreicht,
Wenn nicht das Alter und zu raube Luft
Die ausgespannten Schwingen niederdrückt.
Und wohl geschäh' dies, wär' dies Alles mein,
Nicht ihr, die's nächtlich mir in's stille Ohr gehaucht."[*]

Von solchen Ideen bewegt, ging er vom Drama zum Epos über, und vollendete dieses Werk, das er „lang bedacht und spät begonnen" in den nächsten Jahren bis 1665. Wir müssen dabei über die gewaltige Geisteskraft des Mannes staunen, der bei allen seinen Leiden und Hindernissen, blind und von der Gicht gepeinigt, doch die ganze Dichtung bis in seine Einzelnheiten zu beherrschen wußte, welcher von dem vorgezeichneten Plan nicht abirrte, sondern den einmal betretenen Pfad sicher fortzuwandeln wußte. Was ihm seine Muse eingab, mußte er dictiren, sich dabei auf das Schreibende verlassen und unter diesen Umständen auch auf eine sorgfältige Feile verzichten.[**]) Dennoch verlor er den Muth nicht. „Ich singe", sagt er

— nicht heiser oder stumm,
Obwohl in bösen Tagen jetzt erdauernd
Und unter bösen, lästervollen Zungen,
In Dunkelheit, umgeben von Gefahr,
In Einsamkeit und dennoch nicht allein,
Denn du umschwebst ja meinen Schlummer Nachts
Und wenn der Ost den Morgen purpur färbt.
O leihe du mein Lied, Urania,
Und gib mir würd'ge Hörer, wenn auch wenige."[***]

---

*) P. L. IX, 27.

**) In einem Brief an Heimbach in Brandenburg aus dem Jahre 1666 bittet er um Entschuldigung für etwaige Fehler, denn er müsse einem Knaben dictiren, der kein Lateinisch verstehe und dem er jede einzelne Sylbe wiederholen müsse.

***) P. L. VII, 29.

Die Hülfe, die er sich von der himmlischen Göttin erflehte, ward ihm wirklich zu Theil, denn in nächtlichen Träumen beschäftigte ihn sein Gedicht, und sie gaben ihm die Förderung und Lösung, die er oft des Tags vergebens suchte. Darum feiert er diese „himmlisch hehe Gönnerin",

> Die ungebeten oft mich Nachts besucht
> Und mir im Schlummer hehr Weisen flüstert
> Und unverbeidbrachte Verse leiht. *)

Ueber das Gedicht selbst und dessen poetische Bedeutung wollen wir weiter unten ausführlicher reden. Durch den Druck wurde es erst 1667 veröffentlicht und trug nicht zur Bereicherung des Dichters bei. Milton hat einmal geäußert, er sei um ein Menschenalter zu spät geboren, und die Wahrheit dieses Satzes bewies sich damals recht schlagend. Die Zeit Karl's II. ergötzte sich an den zierlichen glatten Versen Dryden's und noch mehr an den verwilderten und über alle Maßen lüderlichen und ausgelassenen Lustspielen eines Wicherley und Congreve. Der Rückschlag gegen die Strenge der frühern Zeit war eingetreten, die Verhöhnung der Puritaner als Heuchler und täppische Dummköpfe an der Tagesordnung. Das Lieblingsbuch des Hofes und der großen Mehrheit des Volkes war damals Samuel Butler's „Hudibras", jene geniale Carricatur puritanischen Zelotenthum's.**) Das verlorene Paradies konnte kaum zu einer ungünstigeren Zeit kommen. Der Buchhändler kaufte es für fünf Pfund Sterling dem Dichter ab und versprach für jede etwa folgende Auflage abermals soviel, ein Honorar, das man in dem reichen England nicht erwarten sollte. Auch mit der Censur hatte Milton Schwierigkeiten, die unter Anderem auch Verrätherei in dem Gedicht witterte, weil Satan mit der Sonne verglichen wird, die in düsterer Verdunklung hinterm Mond ein Zwielicht auf die Erde wirft und die Könige mit Furcht vor Wechsel bedroht.

Nachdem aber alle diese Schwierigkeiten überwunden waren, bahnte sich das Werk doch verhältnißmäßig rasch seinen Weg. Dryden bekannte sich offen für besiegt, als er es zuerst las und die erste Auflage von dreizehnhundert Exemplaren war nach zwei Jahren vergriffen, was in jener Zeit, wo man wenig Bücher kaufte, viel heißen will.***) Indessen zur vollen Anerkennung kam Milton erst nach seinem Tode, ja Addison war eigentlich der Erste, der die wahre Bedeutung des Dichters verstand und die Engländer über den Werth desselben in seinem „Spectator" aufklärte.

Die letzten Jahre des Dichters waren mit derselben Thätigkeit hingebracht, wie die früheren, und seine poetische Kraft zeigte sich am kräftigsten und reichsten in einem Alter, da Andere zu schweigen beginnen. Ein junger Quäder, John Ellwood, der eine Autobiographie hinterlassen hat, aus der man manche interessante Notiz über Milton zu entnehmen ist, kam in den letzten Jahren fast täglich zu ihm, las ihm vor, besonders römische Schriftsteller und Dichter, und wurde durch ihn unermüdlich belehrt. Ellwood verdanken wir auch den Anstoß zu dem „Wiedergewonnenen Paradies". Milton hatte ihm das Manuscript seines großen Gedichts zum Lesen gegeben, und Ellwood brachte es sehr gerührt zurück. „Du hast viel vom verlorenen Paradies geredet", sagte er, „was kannst du denn vom wiedergewonnenen erzählen?" Milton entgegnete nichts, aber nach einiger Zeit überreichte er Ellwood die vier Gesänge seines „Wiedergewonnenen Paradieses", das er noch höher als sein ersteres Werk geschätzt haben soll.

---

*) P. L. IX. 22.

**) Von Hudibras heißt es im 1. Gesang:

> In welchem Land des Paradises
> Einst prangte, wohl er ganz gewiß.
> Und wollte just am Grabesfeste
> Euch hell der feine Form und Gries',
> Das Adam träumend hat gedacht
> Als ihm in einer Sommernacht
> Sein Weiblein aus den Rippen broch;

Siehe Eiselein's Uebersetzung des Hudibras, der übrigens wohl irrt, wenn er eine Anspielung auf Milton in dieser Stelle sieht, da der erste Theil des Hudibras schon 1663 im Druck erschienen ist.

> Ob Satan beschbretlich mit ihr sprach,
> Ob Eva einen Nabel trug,
> Wer mit dem Hammer Noten schlua,
> Ob einst die Schlang in Adam's Galle
> Birt Füß gehabt nebst Klau und Kralle:
> Das pflag er ohne Commentar
> Und Glossen ganz unnachahmbar
> In hohlem Bauchton vorzutragen,
> Als seche ihm das Maul im Magen.

***) Vergl. Johnson, life of M. pag. 89 ed. Tauchnitz.

Ungefähr um dieselbe Zeit wurde auch sein Drama „Samson Agonistes" veröffentlicht. Der blinde Dichter hatte ein doppeltes Interesse an diesem Werk, das ihm sein eigenes Schicksal so lebendig vor die Augen führte. Denn das Drama behandelt die Gefangenschaft und das Ende des elenden und geblendeten Samson. Für die Bühne nicht geeignet, knüpft es durch Einführung eines Chors und die sorgfältige Bewahrung der Einheit des Ortes und der Zeit äußerlich an das antike Drama an, ohne jedoch sonstige Verwandschaft mit ihm zu zeigen.

Die Philister feiern in ihrer Hauptstadt Gaza ihrem Götzen Dagon ein großes Fest und Samson ist deßhalb für den heutigen Tag von seiner erniedrigenden Sclavenarbeit befreit. Er schleppt sich auf eine Bank vor seinem Gefängniß, in den Strahlen der Sonne sich zu wärmen. Aber wenn auch der Körper ruht, der Geist hat keine Rast; gleich Wespen kommen ihm die stechenden Gedanken und die Erinnerung an die Vergangenheit, zu vergleichen, was er gewesen und was er nun ist. Es kann nicht anders sein, jede Stelle in „Samson" erinnert uns an das Loos des Dichters, der seine ganze Seele, seine eignen Leiden in diese klagenden Verse ergossen zu haben scheint. Ein Chor tritt tröstend zu dem blinden Helden heran; es sind Freunde und Stammgenossen, die ihn besuchen und aufrichten wollen. Samson aber fragt bitter, ob nicht die Kinder auf den Straßen in Israel Spottlieder auf ihn sängen, und seine Blindheit bewahrt ihn wenigstens vor der Schamröthe, die ihn überziehen würde, könnte er ihnen in das Auge sehen. Noch größer wird der Jammer, als der alte Vater Manoah wehklagend seinem Sohne naht und ihn, der einst sein Stolz und seine Freude war, nun so als eine elende Ruine erblicken muß. Doch er hofft wenigstens, ihn aus der Gefangenschaft lösen zu können und geht, mit den Fürsten der Philister zu unterhandeln. Während nun Manoah sich zu diesem Zweck entfernt hat, kommt ein Krieger, Samson vor die Versammlung der Edeln zu führen, die sich eine rohe Freude bereiten und durch Beweise seiner Kraft unterhalten wollen. Verachtend weist Anfangs Samson dieses Verlangen zurück, dann aber glaubt er darin einen Wink von Gott zu sehen und folgt dem Boten. Der Chor der Freunde bleibt und hört vom zurückkehrenden Vater die frohe Kunde, daß eine baldige Auslösung zu hoffen steht. Aber diese freudige Hoffnung wird mit einem Schlage durch die unheilvolle Botschaft vernichtet, die ein herbeieilender Bürger überbringt. Samson hat sich und den ganzen Adel des feindlichen Landes unter den Trümmern des Palastes begraben. Der Schrecken und die Verwirrung ist allgemein. Manoah faßt sich zuerst und zeigt sich als ächter Vater Samsons. Seines Sohnes beraubt, muß er doch gestehen, daß jener sich würdig gelöst hat und als Held gestorben ist.*)

Hatte Milton den Sturz der Principien erleben müssen, die ihm am Herzen lagen, hatte er sich verfolgt in die Stille zurückziehen müssen, so war es ihm doch vergönnt, am Abend seines Lebens den Beginn des abermaligen Umschlags zu bemerken, und zu hören, wie die Stimmung des Landes sich immer heftiger gegen König Jacob II. und sein Benehmen erhob. Ungeschwächt und unbeirrt erhob Milton seine Stimme am Rand des Grabes, wie in den besten Tagen seiner Kraft. Noch im Jahr 1673 veröffentlichte er eine Abhandlung „über die wahre Religion und die besten Mittel, das Wachsthum des Papstes zu hindern". Auch in dieser letzten größeren Schrift erscheint Milton als derselbe freie, über alles Partei- und Sectenwesen hinaus nach dem wahren Geist des Christenthums und der Humanität ringende Mann, welcher den unter einander zerspaltenen Protestanten Einigung, Eintracht und gegenseitige Nachsicht als sein Vermächtniß empfiehlt, mit dem sie den kommenden Gefahren Trotz bieten könnten.

Der Bericht eines alten Geistlichen aus Dorsetshire ist uns erhalten, der Milton in seinem Alter besucht hat. Er fand den Dichter in einem kleinen Zimmer mit abgenutzten grünen Tapeten, in einem Lehnstuhle sitzend und sauber schwarz gekleidet. Er war blaß und hatte Gichtbeulen an den Händen. Bei warmem heiterem Wetter pflegte er in einem grauen Rock von grobem Tuch vor der Thüre seines Hauses des Bunhill-Fields zu sitzen, um die frische Luft zu genießen und empfing dort seine Besuche. Endlich konnte er auch das nicht mehr. Die Gicht wurde heftiger und seine Kräfte sanken von Tag zu Tag, so daß er endlich den 15. November 1674 ruhig und schmerzlos entschlief.

---

*) Händel hat dieses Werk Miltons als Grundlage für den Text seines berühmten Oratoriums benutzt.

Sein Leichnam wurde neben dem Grab seines Vaters im Chor der Kirche St. Giles bei Cripplegate unter großer Theilnahme von Seiten des Volkes beigesetzt. Doch mit seinem Tode starb die Eifersucht und Feindschaft gegen ihn nicht aus. Viele Jahre später duldete der zelotische Decan von Westminster nicht, daß in einer Inschrift an dem Monument eines Andern nur der Name Miltons erwähnt wurde, weil das eine Entweihung der Kirche sei, und erst 1737 wurde ihm daselbst ein Denkmal errichtet. Ja noch später durfte ein literarischer Freibeuter es wagen, Milton's Ehrlichkeit anzugreifen und ihn des Plagiats und großartig getriebenen Diebstahls zu zeihen. Dies zu beweisen, brachte er eine Menge gleichzeitiger, fast ganz verschollener Gedichte, darunter einen „Adamus" von Hugo Grotius, zum Vorschein, welche Milton übersetzt haben sollte. Um aber diesen Vorwurf rechtfertigen zu können, hatte der Betrüger ganze Stellen aus einer alten lateinischen Uebersetzung des „Verlorenen Paradieses" erst in jene älteren Gedichte eingereiht.

Milton's Familie gerieth bald in eine trübe Lage. Bei seinen geringen Bedürfnissen hatte der Dichter wohl sein Auskommen gehabt, doch war er nicht reich gestorben. Seiner Wittwe einiges Vermögen zu hinterlassen, hatte er nicht lange vorher seine schöne Bibliothek verkauft.

Die beiden ältesten Töchter starben ziemlich früh, seine Wittwe erst 1724. Debora, die jüngste Tochter, hatte viele Kinder, die verschollen und verkommen sind. Eines derselben, eine verheirathete Tochter, hatte in London einen Krämerladen und lebte in so elenden Verhältnissen, daß 1750 ihres Großvaters Lustspiel „Comus" zu ihrem Vortheil gegeben wurde.

Ein episches Gedicht, das sich schon durch seinen Gegenstand dem Verständniß der Menge entzieht, das nicht Helden und Heldenthaten dieser Erde schildert, das nicht das Menschenherz und dessen Welt mit seinen Gefühlen der Freude und des Schmerzes, der Liebe und des Hasses allein besingt, sondern auch Uebersirdisches, Gott und die Mysterien einer höhern Weltordnung in das Bereich seines verherrlichenden Gesanges zieht, ein solches Gedicht kann nicht populär werden. So allgemein verständlich und zum Herzen dringend die Religion selbst ist, so schwer und unzugänglich sind für gar Viele die Ideen und Bilder, mit denen eine religiös poetische Dichtung Das darzustellen sucht, was uns weise verhüllt ist. Gar Manchem erscheint auch der Gegenstand als solcher nicht geeignet für größere dichterische Schöpfungen. Man sollte über diese Frage kaum noch ungewiß sein, da zwei der größten Dichter, Dante und Milton, sie schlagend genug beantwortet haben. Auch wird in Italien und England wohl Niemand an der Berechtigung eines solchen Stoffes zweifeln. Wohl aber hat sich in Deutschland ein Vorurtheil gegen Dichtungen dieser Art gebildet, weil grade einer der bedeutendsten Männer unserer Literatur, Klopstock, an dieser Aufgabe gescheitert ist. Denn bei aller Anerkennung, die wir Klopstocks Talenten und seinen Verdiensten um die Erweckung nationalen Sinns, um die Belebung und Bildung der Sprache gerne zollen, müssen wir doch Lessing beistimmen, der schon in frühen Jahren ein solches Urtheil gesprochen hat.*)

So mag auch auf Goethe's Urtheil die genauere Bekanntschaft mit der Messiade nicht günstig gewirkt haben. Er schrieb im Jahr 1799 an Schiller: „Milton's Verlorenes Paradies, das ich dieser Tage zufällig in die Hand nahm, hat mir zu wunderbaren Betrachtungen Anlaß gegeben. Auch bei diesem Gedicht, wie bei allen modernen Kunstwerken, ist es eigentlich das Individuum, das sich dadurch manifestirt, welches das Interesse hervorbringt. Der Gegenstand ist abscheulich, äußerlich scheinbar und innerlich wurmstichig und hohl. Außer den wenigen natürlichen und energischen Motiven ist eine ganze Partie loser und falscher, die einem wehe machen. Aber freilich ist es ein interessanter Mann, der spricht; man kann ihm Charakter, Gefühl, Verstand, Kenntnisse, dichterische und rednerische Anlagen und sonst noch mancherlei Gutes nicht absprechen. Ja, der seltsam einzige Fall, daß er sich als verunglückter Revolutionär besser in die Rolle des Teufels als des Engels zu schicken weiß, hat einen großen Einfluß auf die Zeichnung und Zusammenstellung

---

*) In seinen Sinngedichten sagt er:

| Wer wird nicht einen Klopstock loben? | Wir wollen weniger erhoben |
| Doch wird ihn Jeder lesen? — Nein. | Und eifriger gelesen sein. |

Und bezeichnend genug ist es, daß man nirgends auch nur eine Andeutung über ein Verhältniß zwischen Lessing und Klopstock findet, obwohl Gelegenheit genug dazu geboten gewesen wäre.

des Gedichts, sowie der Umstand, daß der Verfasser blind ist, auf die Haltung und das Colorit desselben. Das Werk wird daher immer einzig bleiben, und wie gesagt, so viel ihm auch an Kunst abgehen mag, so sehr wird die Natur dabei triumphiren."

Wir wollen Goethe's Gründe zu diesem Urtheil nicht genauer untersuchen, da der Schlußsatz zu beweisen scheint, daß er, der das Buch nur zufällig in seine Hände genommen, in seinem Urtheil schwankend war, wir wollen kein Gewicht darauf legen, daß wir einen Privatbrief vor uns haben, in dem man die Worte nicht immer abwägt, wir wollen auch nicht die damalige Stimmung der Zeit und Goethe's selbst, der Pietismus und Revolution in dem Gedicht gefürchtet zu haben scheint, hervorheben, sondern nur das Urtheil eines Mannes entgegenstellen, der, was geistige Schärfe und Klarheit, was seinen poetischen Geschmack betrifft, getrost neben Göthe gestellt werden kann, das Urtheil Lessings, der in seinem Laokoon im vierzehnten Abschnitt das Verlorene Paradies als die erste Epopöe nach Homer hervorhebt und sie zur weiteren Ausführung seiner Behauptungen benutzt. Umgekehrt wie bei Klopstock, wird man Milton um so lieber gewinnen, je vertrauter man mit ihm wird.

Goethe's obenerwähnter Ausspruch, das „Verlorene Paradies" sei ein bloßer Erguß der Natur, schließt genau betrachtet das größte Lob in sich. Milton müßte darnach eine durchaus geniale Natur wie Homer gewesen sein, die das Richtige ohne Mühe und Arbeit trifft. Doch ein tieferes Eingehen in das Gedicht zeigt, daß es ein Werk der höchsten Kunst ist, die sich zunächst in der vorzüglichen Anlage und dem knappen sicheren Plan des Ganzen bewährt.

Wie in der Odyssee versetzt uns der Beginn schon nahe an die Catastrophe und die früheren Begebenheiten werden als Episoden eingeschoben. Der Dichter beginnt also im ersten Gesang nicht mit dem Aufstand der Engel oder der Schöpfung der Welt, sondern führt uns gleich mitten in die Entwickelung, die unser ganzes Interesse in Anspruch nimmt. Nach einer kurzen Bitte an die himmlische Muse, die erste Schuld des Menschen zu singen, die den Tod in die Welt gebracht, weiß der Dichter mit einer meisterhaften Wendung gleich in den vollen Strom der Erzählung einzulenken. Es ist das furchtbare Gebiet der Hölle, das sich vor uns aufthut. Satan, bisher der erhabenste und mächtigste Cherub des Himmels, hatte sich mit seinem Heer gegen den Herrn erhoben. Ein furchtbarer Kampf mit den treugebliebenen Engeln hatte die ganze Schöpfung erbeben machen, bis endlich Gott seine Macht enthüllte und die Feinde aus dem Himmel in den gähnenden Abgrund stürzte.

Des Allerhöchsten Macht
Stieß Häuptlinge ihn aus den ätherischen Höhn
Furchtbaren Sturzes gluthentflammt hinab
Zum bodenlosen Abgrund.

Dort liegen sie, neun Tage und neun Nächte, im Pfuhl der Flammen, erstarrt und besinnungslos. Mit dieser Schilderung der Gefallenen beginnt das erste Buch. Die Schrecken des Kampfes und göttlichen Sieges sind vorüber. Die Blitze ruhen, der feurige Hagelsturm hat sich gelegt und der Donner brüllt nicht mehr durch den endlos öden Schlund. Der Schrecken scheint noch in jedem Wort des Dichters nachzubeben und die wenigen Andeutungen über die furchtbare Vergangenheit machen durch ihr schauerliches Halbdunkel mehr Eindruck als die später folgenden genauen Beschreibungen. Endlich ermannt sich Satan. Mit einem Blick übersieht er das Verhängniß, das ihn und seine Schaaren betroffen hat, aber trotz aller Schmerzen und Qualen, die ihm mehr noch als aus der Pein des Feuers aus der Erinnerung an die verscherzte Zeit des Glückes und Glanzes entstehen, beharrt sein trotziger Sinn auf Krieg und Feindschaft gegen Gott.

Ob das Schlachtfeld auch verloren,
Ist doch nicht Alles hin; der Wille nicht,
Der unbesiegbar, nicht der Rache Durst,
Der ewige Haß und Muth, sich nie zu beugen.

So redet er Beelzebub an, der ihm an Macht und Ansehen der nächste ist, rafft sich dann aus dem furchtbaren Feuermeer auf und eilt nach dem festen Land,

wenn Land es war,
Wo immerfort ein festes Feuer glühte,

Der troßige Geist des Empörers stärkt sich zu neuer Hoffnung, zu neuem Stolz. Er begrüßt die Hölle und das Schreckniß. Ist doch der Geist sein eigener Raum, der sich einen Himmel aus der Hölle schaffen kann. Hier ist er frei, hier kann er herrschen, und besser ist es, der Hölle Herr zu sein als des Himmels Sclave.

So ruft er seine noch betäubten Engel auf, welche ihres Führers Stimme hören und sich im Sturm erheben. Wie Amran's Sohn mit seinem Stab einst ein schwarzes Gewölk von Heuschrecken berufen hat, daß des Nil Gestade verdunkelt wurden, so drängt sich jetzt der Schwarm gefallener Cherubim und Engel. Moloch, der schreckenvolle Fürst mit Menschenblut und Ältterntränen besteckt, Chemoe, das Schreckbild für Moab's Söhne, Baal und Astaroth, die Himmelskönigin mit Mondeshörnern, der schreckliche Dagon, Egyptten's Götter und zuletzt Belial, der gemeinste Geist von Allen, „der nur das Laster um das Laster liebte", sie alle kommen auf den Ruf des Herrschers, und mit ihnen unzählige Andere, darunter auch die, welche späterhin als Joniens Götter glänzend und hochverehrt sein sollten. Den Muth des Heeres zu erhöhen, wird das königliche Panier entrollt, das wie ein Meteor im Windhauch bligt, und kriegerischer Trompetenklang erschallt. Im Nu flattern zehntausend Banner in der Luft, ein Wald von Speeren erhebt sich und in festgeschlossenen Reihen nahen sie unter sanftem Getön der Flöten und umschließen Satan im Halbkreis, seinen Worten zu lauschen. Dieser kämpft trotz seines Stolzes mit den Thränen, als er seine Gefährten sieht. Dreimal versagt ihm die Stimme, bevor er zur Ausdauer ermahnen kann. Die Hölle soll sie nicht für immer einschließen; neue Welten wollen sie sich erobern. Die feurige Rede schließt mit einer wilden Aufforderung zum erneuten Krieg gegen den Himmel, sei's offen oder heimlich.

Er sprach's und zu kräftigen seine Worte,
Erhligten Millionen Flammenschwerter,
Den mächtigen Cherubhüstern rasch gezückt;
Erleuchtet war die Hölle weit herum.

Sie raf'ten gegen den Allmächtigen wild,
Und schlugen grimmig mit geschwungenen Waffen
Auf ihren klingenden Schilden Kriegerlärm
Zum Himmelstom die stolze Forderung brüllend.

In einer engeren Rathsversammlung, in der über das fernere Verhalten beschlossen werden soll, machen sich auch andere Ansichten geltend. Belial und Mammon rathen zur Ruhe, nicht aus Einsicht in ihre Sünde, sondern weil sie hoffen, daß das Feuer, welches jetzt zu ihrer Pein dient, mit der Zeit zu ihrem Element werde, und daß sie noch Glück und Lust aus der Marter ziehen können. Selbst der Höchste umziehe ja zu Zeiten seinen Thron mit der Majestät der Finsterniß und mit solchem Donnerbrüllen, daß der Himmel der Hölle gleich scheine.

Da erhebt sich Beelzebub und schlägt im Einverständniß mit Satan, denn nur von diesem kann solch teuflischer Plan ausgehen, eine kühne Unternehmung vor. Er erinnert sich, daß Gott eine neue Welt schaffen und sie mit Wesen nach seinem Bild bevölkern wolle, die einst die Stelle der gefallenen Engel einnehmen könnten. Wie, wenn sie diese Welt mit Gewalt für sich eroberten, oder sie wenigstens Gott zum Ärger zerstörten? Ja noch mehr, vielleicht könnte es ihnen gelingen, die schwachen Bewohner zum Abfall von Gott zu bewegen, der dann gezwungen sei, sich selbst zum Schmerz das geliebte neue Geschlecht zu verfluchen.

Dieser wilde Plan gefällt der höllischen Schaar und mit freudefunkelnden Augen stimmen Alle bei. Doch wer unternimmt es, die neue Welt zu erspähen, den finstern bodenlosen Abgrund zu untersuchen und seinen Weg durch fühlbar dichte Nacht zu bahnen? Niemand von Allen wagt es, zu solcher That sich zu erbieten, bis endlich Satan sich erhebt. Als der König der Hölle nimmt er das schwerste Amt und die größte Gefahr auf sich und laut preisen die höllischen Schaaren ihr unvergleichliches Haupt. Angst und Sorgen, die Anfangs auf den Gemüthern schwer lasteten, sind geschwunden und neue Hoffnung belebt Alle.

Wie wenn die düstern Wolken von den Gipfeln
Der Berge steigen und der Nordwind schläft,
Das Ungesicht des Himmels überwallend,
Und dann ein trübes Element aufs Land
Schnee oder Regenschauer schüttet, und sodann

Der Sonne letzter Strahl zum lieblichen
Lebwohl erglänzt, das Feld sich neu belebt,
So daß die Vögel singen, Heerden blöcken
Und Berg und Thal die Freude widerhallt.

Die Schaaren zerstreuen sich und Jedes sucht die trüben Stunden bis zur Rückkehr Satans nach seiner Neigung zu verkürzen. Die Einen versuchen sich in Wettkämpfen, Andere toben mit dem Sturmwind, Andere ziehen sich in die Stille zurück und singen dort zu dem Klang der Harfe in Engeltönen die eignen Heldenthaten und die Klage über ihren Sturz, daß freie Tugend der Gewalt erliege. Doch Gesang bezaubert nur den Sinn, ein schönes Wort den Geist und so sitzen noch Andere in erhabenem Denken und reden in lieblichen Gesprächen über Vorsehung und Wissen, Schicksal und Vorherbestimmung, Glück und Elend, Ruhm und Schmach, und suchen sich so das Herz zur Geduld zu erstarren.

Der Gegner Gottes und der Menschen hat sich aber unterdessen mit raschen Flügeln bis an die neunfachen Pforten der Hölle geschwungen. Dort sitzen als Wächter die Sünde und der Tod. Die Sünde wird geschildert als

> ein reizend Weib
> Bis an den Leib, doch endete sie häßlich
> In vielen scharf'gen weitgewundnen Ringen
> Als eine Schlange mit dem Todesstachel.

Wie einst Pallas dem Kopf des Zeus, so ist sie im Himmel dem Kopfe Satan's entsprungen und hat ihm den Tod geboren, der ohne Glieder und Gestalt, nur Schatten scheint, schwarz wie die Nacht und grimmig wie zehn Furien. Ein Kampf droht sich zwischen ihnen zu entspinnen, bis die Sünde den Vater erkennt und dieser dem Tod eine reiche Aernte in jener neugeschaffenen Welt verspricht. Gegen Gottes Befehl erschließt dann jene die Höllenthore, welche mit dumpfem Donner weit auffliegen, so daß ein Heer mit ausgedehnten Flügeln durchziehen könnte, und sich nun nicht wieder schließen.

> Vor ihre Augen treten nun der Tiefe
> Geheimnisse, das dunkle ewige Meer,
> Das gränzenlos und ohne Länge, Breite
> Und Höh und Zeit und Raum sich dehnt, wo Chaos

> Und ewige Nacht, Urahnen der Natur
> Gesetzlos herrschen, mitten in dem Lärmen
> Des Kampfes durch Verwirrung sich erhalten.

Muthig stürzt sich Satan in das Gewühl, bis er nach unermessenem Schrecken ein wildes Getöse verworrener Stimmen hört.

> Da plötzlich steht
> Er jenen Thron des Chaos und das Zelt
> Das dunkel über eben Tiefe gähnt.
> Bei ihm saß auf dem Throne in schwarzem Kleid
> Die Nacht, das älteste von allen Dingen,

> Die Thäterin seines Reichs und dabei standen
> Orkus und Hades und das Schreckensbild
> Von Irrmorgorn. Zwiespalt und Gerücht,
> Aufruhr, Verwirrung standen um sie her.

Die Schilderung des Chaos, die Reden Satans und die Entgegnungen des stammelnden Herrschers sind großartig. Satan wird über den nächsten Weg zur Lichtwelt bedeutet und in verfluchter Stunde eilt er dahin.

Mit dem Beginn des dritten Gesanges athmen wir mit dem Dichter förmlich auf, daß wir, dem stygischen Pfuhl entronnen, wieder das heilige Licht, das erstgeborene Kind des Himmels, begrüßen dürfen.

Dort, in ewiger Glorie thront der Herr, der Alles übersieht und erkennt. Auch Satans Nahen bleibt ihm nicht unbemerkt, und zu Christus sich wendend, verkündigt er ihm den Fall der Menschen, denn sie haben die Kraft zu stehen, doch auch die Freiheit zu fallen. So werden sie den Tod verdienen, aber vor Allem soll die Gnade stets im hellsten Licht erstrahlen und noch einmal soll ihnen verziehen werden, wenn sich ein Mittler findet, der um der Gerechtigkeit Genüge zu thun, die Strafe auf sich nimmt.

Doch der ganze Himmel schweigt, kein Engel ist stark genug zu solcher Hingebung. Nur Gottes Sohn erbietet sich in seiner unendlichen Liebe, freiwillig seine Glorie zu verlassen und die ganze Rache des Todes zu erdulden. Gnädig nimmt Gott dieses Opfer an, aber er will ihn dafür zum König der Könige und zum Herrn des Gerichts erhöhen.

> Deinem Wort
> Wird sich dann Alles beugen, und die Hölle,
> Wenn sie gefällt, wird ewig dann sich schließen.
> Die Welt wird sich in Flammengluth verzehren,
> Doch aus der Asche werden Erd' und Himmel
> Auss Neu erstehn, wo die Gerechten wohnen,

> Nach schweren Mühn die goldne Zeit erkennen,
> Fruchtbare Tage ziehn auf goldner That.
> In Freude, Lieb und Wahrheit triumphirend.
> Dann legst du nieder deinen Königsscepter
> Denn nöthig ist der Herrscherstab nicht mehr,
> Gott wird ja Alles dann in Allem sein.

Satan hat unterdessen seinen Weg gefunden. Der Erzengel Uriel, der in tiefes Sinnen versenkt als Hüter die neugeschaffene Welt bewacht, hat ihm, der als demüthiger Engel genaht war, selbst den Weg zu Eden gezeigt, das sich im vierten Gesang seinen erstaunten und geblendeten Blicken in einer Herrlichkeit darbietet, wie er sie nicht geahnt hatte. Bor Allem ist es aber das Menschenpaar selbst, dessen Glück und Unschuld ihn fesselt und seinen Reid erregt. Ungesehen naht er sich ihm und lauscht den lieblichen Worten, mit denen sich die ersten Menschen unterhalten. Es ist eine Idylle von wunderbarer Anmuth, wie Eva von dem Tag erzählt, da sie wie aus langem Schlaf erwachend, sich zuerst gefunden, wie sie staunend und sehnsuchtsvoll im klaren Bach ein ihr gleiches Wesen gesehen habe und erst durch eine höhere Stimme zu Adam geleitet werden sei.

Beim Anblick ihrer reinen, innigen Liebe muß sich der Teufel abwenden; doch er hat genug gehört, er weiß, daß es ihnen verboten ist, vom Baum der Erkenntniß zu kosten und darauf gründet er seinen Plan.

„Erwohl indeß, du still beglücktes Paar!
Genieß, bis ich kehre, kurze Lust,
Denn langes Weh wird auf die Freude folgen."

Nur zu rasch erfüllen sich diese Drohworte. Der Abend kommt und die Dämmerung hüllt die Erde in ihr düsteres Gewand. Alles geht zur Ruhe, nur die Nachtigall singt durch das Dunkel ihr zärtlich Lied. Da gedenkt auch das Menschenpaar des Schlafes. Adam bezeichnet die Aufgabe, die ihnen der folgende Tag bringe und Eva stimmt gerne bei. Ihr Glück und ihr Ruhm besteht in der Hingabe an ihn, an dessen Seite sie die Zeit vergißt.

Süß ist des Morgens Hauch und süß sein Kommen
Mit seiner frühen Vögel Zaubersang.
Hold ist die Sonne, wenn ihr aufs Gefild
Zuerst die rothen Morgenstrahlen wirft,
Auf Blumen, Frucht' und Bäume thauerglänzt.
Süßduftend ist der Boden nach dem Regen,
Süß auch des sanften Abends holdes Nahn,
Und dann die stille Nacht mit Nachtigallen
Und ihrem schönen Mond, dem Sternenheer.
Doch weder Morgenhauch, wenn sanft er kühlt
Bei früher Vögel zauberhaftem Sang.

Noch auch die Sonne, wenn sie dem Gefild
Die Strahlen schenkt, noch Blumen thaubenetzt,
Sammel Blum' und Früchten, noch der süße Duft
Nach Regen, noch des Abends holde Milde,
Noch auch die stille Nacht mit Nachtigallen,
Noch auch ein Gang im sanften Mondenlicht
Noch auch des Sternenlichtes blasser Schimmer
Ist süß und lieblich ohne dich, Geliebter!
Doch warum scheinen Sterne selbst zu Nacht,
Da doch der Schlaf die Augen Aller schließt?"

So gehen sie nach zärtlichem Wechselgespräch zur Ruhe. Aber als giftige Kröte dem Ohr Eva's sich nähernd, versucht Satan die Phantasie der Schlafenden zu besangen und haucht ihr unruhige Gedanken, eitles Hoffen, schnöde Gier und Lust ein. Zu spät wird er von Gabriel und seiner Engelschaar, die Eden bewachen, entdeckt und verscheucht. Der fünfte Gesang zeigt schon die ersten Folgen. Eva erwacht mit glühenden Wangen, erhitzt erzählt sie von dem Traum dieser Nacht, wie ein Engel ihr die Frucht vom Baum der Erkenntniß zu kosten gegeben habe. Es gelingt Adam, sie zu trösten und zu erheitern und beide gehen zu ihrem leichten Tagewerk. Doch nicht ungewarnt soll ihnen die Stunde der Versuchung nahen. Raphael, der freundliche Engel und Schutzgeist des menschlichen Geschlechts, wird von Gott gesandt, die Menschen noch einmal zu stärken und zu ermahnen. Er schwingt sich herab, begrüßt das Paar und wird von diesem ehrerbietig aufgenommen und bewirthet, denn alle Erschaffenen, auch die Engel, bedürfen der Nahrung, nur daß diese ihre leichte Kost in Licht verwandeln. Nach dem Mahle schärft der Engel Adam nochmals Gehorsam gegen Gott ein und führt den schrecklichen Fall der empörten Engel als warnendes Beispiel an. Somit ist die Gelegenheit zu ausführlicher Darstellung jenes Kampfes gegeben. Adam bittet Raphael, ihm genauer zu erzählen, was er bis jetzt immer nur in dunkeln Andeutungen gehört habe, und dieser willigt ein, indem er für das, was dem menschlichen Verstand zu hoch ist, irdische Bilder nehmen will.

Die Empörung der Engel begann damals, als Gott das Strahlenheer der Geschaffenen um seinen Thron versammelte und Christum, seinen eingebornen Sohn, zum Haupt und König aller himmlischen Heerschaaren erklärte. Der Himmel selbst beugten sich vor dem Willen des Herrn, nur Einer nicht, dessen himmlischer Name seitdem getilgt ist und der nur noch Satan genannt wird. Dieser hielt sich für entehrt, sein Stolz war verletzt und in der Stille der Nacht zog er mit seinem ganzen Heer anbetungslos weg nach dem Norden, wo er seinen königlichen Sitz errichtet hatte. Dort reizte er die Engel zum Abfall, fragte, ob sie sich der doppelten Sclaverei unterwerfen und die Kniee beugen wollten, oder ob sie Muth hätten, sich mit ihm zu erheben und ihre Freiheit zu erobern. Alle stimmten ihm bei, nur Abdiel, ein Seraph, der am eifrigsten die Gottheit verehrte, erhob sich in glühender Rede dagegen. Doch er vermochte seinen zu bewegen und verließ unter dem Hohn des Heeres die Versammlung, sich vor Gottes Thron zu begeben.

Der sechste Gesang bringt uns die Schilderung des Kampfes selbst. Abdiel findet die Streiter des Himmels schon gerüstet, über welche Gott dem Erzengel Michael den Befehl verliehen hat. Von Norden rückt Satan's Herresmacht heran in der Hoffnung, durch Ueberfall den Höchsten zu überraschen und zu stürzen. Doch auf einer weiten Ebene treffen die Heere auf einander. Hoch in der Mitte seiner Anhänger thront, wie ein Idol der Gottesmajestät, der Abtrünnige in einem Sonnenwagen, von Cherubim umringt. Doch als der Kampf beginnt, verläßt er diesen Sitz und mischt sich in den Vorderkampf. Dort besteht ihn gleich Anfangs Abdiel und bringt ihn durch einen mächtigen Streich zum Taumeln. Da jubeln Gottes Engel im Vorgefühl des Siegs und entflammt zu wilder Kriegeslust. Die Drommeten ertönen und der fürchterliche Kampf wird allgemein. Millionen Engel befehdeten sich, von denen der geringste schon die Macht der Elemente bezähmen konnte. Hätte die Erde schon gestanden, sie hätte im tiefsten Innern gebebt. Nicht bloß auf festem Grund, nein, auch in der Luft raste der Kampf und Thaten ewigen Ruhms geschahen.

In gleicher Schale schwebte lang die Schlacht,
Bis Satan, der sich wunderämächtig zeigte
Und seines Gleichen nicht in Waffen traf,

Verwirrt durch's Kampfgewühl der Engel eilend
Den Ort erblickt, wo Michaels mächtig Schwert
Mit einem Streich Geschwader niederstürzt.

Die beiden Führer messen sich nun selbst in furchtbarem, unbeschreiblichem Kampfe. Die Engel ringsum lassen ab vom Streit und ziehen sich erwartungsvoll zurück. Es war, um Großes mit Kleinem zu vergleichen, als ob Krieg unter den Gestirnen ausgebrochen wäre und zwei Planeten grimmig auf einander stürzten und ihre Sphären sich verworren mischten. Doch endlich siegte Michael. Sein Schwert durchdrang Satan's Schild und drang noch tief in dessen rechte Seite. Zähneknirschend wurde er von den Seinen zurückgebracht, zum erstenmal fühlte er da, was Schmerz ist. Die Nacht brach herein und endigte den Kampf, in dem die Mächtigsten der empörten Engel gebändigt worden waren. Doch in der Ruhe der Nacht erhoben sie sich wieder, denn die Wunden der Engel heilen schnell, da sie in jedem Körpertheil die feinste Lebenskraft tragen.

Dichte Wolkenschatten hüllen das Schlachtfeld ein und tiefe Ruhe senkt sich herab. Die Feinde haben das Feld geräumt, aber sie sind noch nicht gedemüthigt, sondern sinnen auf neuen Kampf. Haben sie der Macht des Himmels einen Tag lang widerstanden, warum nicht länger, warum können sie nicht noch den Sieg erlangen, zumal da Satan ein Mittel ersinnt, das dem Blitz und Donner entgegenzustellen wäre. Nach seiner Angabe durchwühlt ein Theil der Engel den Boden nach schwefel- und salpeterreichem Schaum, und bildet ihn zu schwarzen Körnern, andere schaffen Kugeln und Geschoß aus den verborgenen Erzadern, aber Alles geheim und behutsam.

Mit dieser Hülfe ausgerüstet, beginnen sie den zweiten Schlachttag. Sobald sich die Heere nahe genug sind, öffnen sich auf Satan's Befehl die Reihen seiner Krieger, und zugleich scheint der ganze Himmel in Glut zu stehen. Dann senkt sich unter wildem Donner dichter Qualm und Rauch auf das Gefilt, das von furchtbarem Eisenhagel überschüttet wird. Viele tausend Engel sinken, die Streiter Gottes können sich gegen die Gewalt des Stoßes nicht halten, Niederlage und Flucht scheint ihnen sicher und die Abtrünnigen triumphiren. Doch die überraschten Engel wissen Rath, und ein Kampf beginnt, gegen den der wildeste Krieg nur Kinderspiel erscheint. Feste Berge reißen sie aus ihrem Grund mitsammt den Felsen und Wäldern und schleudern sie gegen die Empörer, die nun schaarenweise hingestreckt werden. Doch sie antworten bald mit gleicher Waffe, und die Heere kämpfen in schrecklicher Bestattung.

Furchtbar häuft sich Verwirrung auf Verwirrung,
Der ganze Himmel wär' zu Grund gegangen,
Mit Trümmern übersäct, wenn der Allmächtige,
Der in dem Heiligthum des Himmels thront,

Der Dinge Wesen nicht erwogen hätte,
Und diesen Sturm absichtlich zugelassen,
Um den geliebten Sohn recht zu verklären.

Dieser zieht am dritten Tage aus, mit Gottes Allmacht gerüstet. Dreizehnfache Donnerkeile sind seine Waffen, sein Wagen feuersprühend und durch innere geistige Kraft belebt. Zehntausendmal zehntausend Engel folgen ihrem König. Aber nicht mit ihrer Hülfe will er siegen, allein gegen seine Feinde alle will er Gottes Herrlichkeit kund thun. Finster wie die Nacht fährt er daher und der Grund des Himmels erzittert unter seinen Flammenrädern. Zehntausend Donner wirft seine Rechte auf sie nieder und seine Pfeile fahren wie Feuer auf sie herab. Wie eine Heerde furchtsamer Schafe treibt er die Feinde bis an die Grenzen des Himmels, wo sich plötzlich eine tiefe Kluft in die Oede öffnet. Dahinein stürzt sich der ganze Schwarm.

> Der ew'ge Zorn flammt hinter ihnen her
> Hinab zum tiefen, bodenlosen Schlund.

Die Hölle nimmt sie auf.

> Neun Tage fielen sie: das Chaos brüllte
> Und fühlte neunfach ihres Falls Verwirrung.

Der Messias aber kehrt im Triumph zu Gottes Thron zurück und der Himmel prangt wieder in der früheren Schönheit und Ordnung.

Adam hört mit Ehrfurcht die Erzählung seines erhabenen Gastes, der ihn warnt, nicht auch zu fehlen und das Verbot zu übertreten. Aber Adam's Wissensdurst ist noch nicht gestillt. Er forscht weiter nach der Schöpfung der Welt und Raphael erzählt ihm auch diese. Nach der Aufregung des vergangenen Kampfes ist diese zweite Episode ein freundlicher Ruhepunkt. Gott sandte Christum aus, die neue Welt zu schaffen, daß ein neues Geschlecht in ihr wohne und den Himmel neu bevölkere. So geschah es. Christus, begleitet von einem strahlenden Gefolge, trat an den Rand des Himmels, wo der wüste Abgrund wie ein Meer brauste und vom Sturm gepeitscht, bergeshoch seine Wogen warf. Das göttliche Wort genügte. „Still, ihr erzürnten Wogen! still du Tiefe! die Zwietracht ende!" gebot Christus, sogleich wich das Chaos und das weite Gebiet verklärte sich zur Schönheit und Ordnung.

Die Geschichte der Schöpfung füllt den ganzen siebenten Gesang; im achten gedenkt Adam seiner Erlebnisse, wie er sich zuerst auf Blumenrasen liegend und wie aus dem Schlaf erwachend, gefunden habe, aufgesprungen sei und gelernt habe, seine Kräfte zu gebrauchen und die Schönheit der Erde zu genießen. Doch er habe sich bald einsam gefühlt und Gott um eine Gefährtin für sein Leben gebeten. In tiefen Schlaf versunken, habe ihm der Traum eine göttliche schöne und doch ihm ähnliche Gestalt zugeführt und was der Traum versprochen, habe die Wirklichkeit erfüllt.

> Alle höhere Macht der Kenntniß
> Verliert in ihrer Gegenwart an Werth.
> Weisheit verliert selbst im Gespräch mit ihr
> Und gleicht der Thorheit,"

sagt Adam entzückt von Eva. Der Engel ahnt seine Schwäche, und warnt ihn vor der blinden Leidenschaft:

> Was Hohes du an deinem Weibe findest,
> Das Reichlichreizende, Vernünft'ge liebe;
> Die Liebe ziemt die, nicht die Leidenschaft,
> Worin die wahre Liebe nicht besteht.

Mit solchen Warnungen schließt Raphael seinen Besuch und steigt, von dem Gebet Adams begleitet, zum Himmel zurück. Doch der freundliche Verkehr der Himmlischen mit den Sterblichen wird bald gestört.

> Nicht findet mein Gesang mehr freie Zeit,                  Den lieblichern Verkehr der Sprache gönnten.
> Wo Gott, wo sel'ge Wesen mit dem Menschen                 Ich muß nun diese Töne trübe stimmen
> Gleich einem Freunde holden Umgang pflegen,              Und singen von des Menschen Treubruch
> Und traulich bei ihm stehend bei dem Mahl                 Von Mißtrauen, Ungehorsam und Empörung.
> Theil nahmen und ihm ungetadelt, frei

So beginnt der neunte Gesang. Das Gedicht drängt nun, nachdem die drei Episoden erzählt sind, energisch zur Catastrophe.

Satan hat Eden noch nicht verlassen, er sucht die Schlange auf, welche ihm am geeignetsten von allen Thieren erscheint, schleicht sich in sie ein und erfüllt den Thiersinn in Herz und Haupt mit der Kraft des Verstandes. Der Zufall kommt ihm zu Statten, denn zum erstenmal trennen sich die Gatten bei der Arbeit.

Eva bestand darauf, allein zu bleiben, weil sie Adams Besorgniß, sie könne der etwaigen Versuchung allein nicht widerstehen, für beseitigend hielt. So gab Adam nach. Aber zu Eva, die ein Rosengebüsch zu stützen beginnt, wälzt sich Satan in der Schlangengestalt. Fast hätte ihn die Schönheit und Lieblichkeit des Weibes zur Milde gestimmt, hätte er nicht rasch dem wilden Haß geboten und sein Herz zum Urtheil bestärkt. Schmeichelnd nähert sich die Schlange und bricht in bewundernde, anbetende Worte aus. Eva erstaunt über das Wunder, welches einem Thier die Sprache verliehen, und hört überrascht, daß dies der Genuß einer einzigen schönen Frucht bewirkt habe. Seitdem habe sie, sagt die Schlange, Verstand und Sprache gefunden und vermöge das Gute und Schöne zu erkennen, das aber als höchste Stufe in Eva's Schönheit und Anmuth himmlisch vereint sei. Des Weibes letzte Zweifel zu besiegen, führt sie das Thier zu dem Baum — es ist der Baum der Erkenntniß. Von ihm zu kosten, weigert sich Eva, doch die Schlange bricht in begeisterte Worte aus:

Du Königin der Welt,  
O glaube dieser Todesdrohung nicht,  
Nicht sterbet ihr! That euch die Frucht dies an?  
Sie gibt euch der Erkenntniß Leben erst!  
Oerlieh den Tod euch jener, der euch drohte?

Sieh mich an, hab ich doch die Frucht berührt,  
Und auch gelebet, und ich lebe doch! — —  
Ich ward vom Thiere Mensch, ihr werdet Götter.  
O Göttin du in menschlicher Gestalt,  
Gebrauch die Hand und koste nach Belieben.

Die betrügerischen Worte bringen in Eva's Herz und nach kurzem Kampfe streckt sie die Hand nach der Frucht aus und ißt! — Die Erde fühlt die Wunde bis in die Tiefe und die Natur seufzt laut. Eva aber eilt entzückt und wie trunken zu Adam. Dieser steht entsetzt und sprachlos da, als er ihre That vernimmt. Doch sein Entschluß ist bald gefaßt. Eva ist verloren, dem Tode geweiht; ohne sie kann er nicht leben, fein Loos nicht von dem ihrigen scheiden, und mag Glück oder Wehr erfolgen, er will dasselbe Schicksal mit ihr theilen. So übertritt Adam aus Liebe zu Eva das göttliche Gebot und ißt auch. Die erste Sünde ist vollbracht, die Natur erbebt abermals und der Himmel wird trüb. Doch die Schuldigen sehen das nicht; wie von Wein berauscht, schwimmen beide in Lust und Wonne und wähnen Götter zu sein. Um so schlimmer ist das Erwachen am nächsten Morgen, wann die Kraft der trügerischen Frucht verschwunden ist. Schweigend sitzen sie und verstört, als ob ihnen die Sprache fehle. Sie können einander nicht ansehen, bis endlich Adam in laute Klagen ausbricht und mit Eva in gegenseitigen Vorwürfen hadert.

So brachten sie in wechselweisen Klagen  
Fruchtlose Stunden hin: doch keins von Beiden  
Ertheilte selber sich dabei die Schuld  
Und ihres eitlen Streites war kein Ende.

Die Vollziehung des göttlichen Urtheils kann nicht lange verschoben werden. Christus erscheint, verkündigt den Spruch über den höllischen Verführer und bestimmt das Loos der Menschen, daß sie von nun an im Schweiß ihres Angesichts ihr Brod essen, und, da sie von Staub sind, auch wieder zu Staub werden sollen.

Schon haben Satan's Kinder, die Sünde und der Tod, eine breite Brücke über den Abgrund gebaut und die Verbindung zwischen Erde und Hölle hergestellt; nun stürzen sie sich selbst auf ihre Beute, die Schöpfung. Die Sterne erlöschen oder verdunkeln sich, Kälte und Hitze senkt sich statt des ewigen Frühlings herab, Sturmwinde durchheulen Land und Meer, selbst die Thiere zerstreuen sich, und gerathen in blutige Feindschaft unter einander.

Doch durch diese erstarrenden Schauer klingt versöhnend wieder eine menschliche Rührung. Die Sünde ist vollbracht und die Strafe verhängt, aber die Gatten finden sich nun wieder zusammen, in liebender Eintracht die Last des ferneren Lebens zu tragen. Eva nähert sich reumüthig dem klagenden Adam und sinkt voll Hingebung zu seinen Füßen nieder. Ihre lockigen Haare sind verwirrt und ihren Augen entstürzen reiche Thränenströme. Seine Kniee umfassend fleht sie:

Adam, verlaß mich nicht! Der Himmel sei  
Mein Zeuge, was für Lieb' ich zu dir hege,  
Den ich zuwiderwillig beleidigte,  
Betrogen selbst in unheilvoller Stunde.  
Voll Reu umfaß ich deine Knie jetzt!  
O nimm mir nicht, woran mein Leben hängt,  
Nicht deinen sanften Blick und deine Hülfe,

Den weisen Rath in dieser höchsten Noth,  
Der jetzt allein mir Stab und Augen leiht.  
Von dir verlassen, wohin soll ich fliehn?  
Wo bleiben jetzt! So lange wir noch leben,  
Vielleicht nur eine kurze Stunde noch,  
Laß zwischen uns vollkommnen Frieden wohlen,  
Laß uns vereint sein.

So steht sie zu Adam, der, von ihrem Kummer und ihrer Demuth gerührt, sich erweicht fühlt. Sie, die jüngst sein Leben und sein Alles war, liegt weinend im Staube vor ihm. Er nimmt sie wieder auf und stärkt ihr verzweifelndes Herz, das schon daran denkt, durch freiwillige rasche Hingabe an den Tod mit sich das ganze künftige Geschlecht der Menschen zu vernichten, das ja mit ewigem Leid bedroht ist. Adam erkennt trotz der Strafe Gottes Nachsicht an, der sie schon bekleidet hat, und der auch bei aufrichtiger Reue und Buße von seinem Zorn ablassen und wieder gnädig und mild erscheinen wird.

So schicken sie gemeinsam ihr Gebet zu Gott in der Höhe, das dieser gnädig aufnimmt und auf Christi Fürbitte noch einmal dereinstige Erlösung verspricht. Jetzt aber muß sich das Geschick erfüllen. Der Erzengel Michael steigt mit einer Flammenschaar von Cherubim hernieder, das Menschenpaar aus dem entweihten Eden zu führen und dann diesen seligen Aufenthalt vor dem Eindringen der Höllengeister zu schützen.

Die Botschaft zu mildern, erscheint Michael nicht in seinem Glanze, sondern in Menschengestalt vor Adam und verkündigt ihm den Befehl Gottes. Solches Schicksal hat dieser nicht erwartet. Er steht erstarrt, doch in herzbrechender Klage nimmt Eva Abschied von dem Paradies, ihrem mütterlichen Boden, den Auen und seligen Schatten, den Blumen, die sie gepflegt und benannt. Michael tröstet sie, denn Erde und Himmel, nicht bloß Eden, sind des Herrn, der allgegenwärtig ist. Adam aber führt er auf einen Hügel und läßt in einer Reihe von Visionen die Geschichte des Menschengeschlechts an ihm vorübergehen. Abel's Todschlag, Pest und Krieg, wilder Taumel und Üppigkeit, die Sündfluth, das Volk Israels bis zu Christi Geburt und Tod, in einer Reihe von oft tiefergreifenden Schilderungen, erfüllen Adams Herz mit Trauer über sein Geschlecht, bis der Engel mit der Versöhnung durch den Tod Christi und der Verheißung der Seligkeit schließt.

Nun aber ist die Stunde des Abschieds gekommen. Die Schaar der Cherubim steigt in einer Strahlenreihe vom Berge nieder und vor ihnen lodert das Flammenschwert des Herrn wie ein Glutkomet. Rasch faßt Michael das Menschenpaar bei der Hand, wehmüthig wenkten sich diese noch einmal zurück. Ihr seliger Wohnsitz ist von Flammen überwallt, riesige Gestalten haben bereits die Pforte umschaart.

Sie zählten langsam Thränen niederperlen,  
Jedoch sie trockneten die Wangen bald,  
Vor ihnen lag die große weite Welt,  
Wo sie den Ruheplatz sich wählen konnten,  

Die Versöhnung des Herrn als Führerin.  
Sie wanderten mit langsam zagem Schritt  
Und Hand in Hand aus Eden ihres Weges.

Mit diesen Worten, die wieder Frieden und Ruhe athmen und die zugleich eine großartige Aussicht in die Zukunft eröffnen, schließt das „Verlorne Paradies".

Als Ergänzung dazu hat Milton bekanntlich in den vier Gesängen seines „Wiedergewonnenen Paradieses" die Versuchungsgeschichte Christi in der Wüste dargestellt, und zwar, wie man hier und da fabelt, weil er selbst den Mangel einer Versöhnung in seinem ersten Gedicht empfunden habe. Doch ist diese genügend angedeutet, wenn man überhaupt bei einem Epos diese Forderung als nothwendig hinstellen kann, da doch Ilias und Nibelungenlied mit der Catastrophe schließen. Milton soll sein „Wiedergewonnenes Paradies" sehr hoch geschätzt haben, was es durch die Vollendung der Sprache, das tiefe und feine Gefühl, das sich darin ausspricht, vollkommen verdient, wenn es auch eher ein religiöses Gedicht als ein Epos zu nennen ist. Doch diese Bezeichnung paßt nach Einigen auch nicht recht auf das „Verlorene Paradies". Ein Heldengedicht verlange einen Helden, und der ist allerdings, streng genommen, nicht darin vorhanden. Adam ist sein Streiter, der den Mächten der Hölle gewachsen ist, denn nur Gehorsam gegen das himmlische Gebot kann ihn aus der Gefahr retten. Nach der gewöhnlichen Auffassung ist das kein Zug, der für den Charakter eines epischen Helden paßt, und Dryden hat deßhalb auch Satan für den eigentlichen Kämpfer und Träger des Gedichts erklärt. Doch darf man nicht zu engherzig nach einem zum Voraus gebildeten Schema urtheilen. Adam ist allerdings der Mittelpunkt des Ganzen, um seinen Sieg oder Fall gruppirt sich das ganze Gedicht. Durch ihn wird das Geschick der Menschheit bestimmt und das Interesse eines jeden Lesers somit gefesselt. Wir sehen hier, wie in jedem andern Epos, Liebe und Kampf, Leidenschaft und friedliches Glück. Jede Seite des menschlichen Herzens wird in ihm wunderbar berührt, und so hat Addison

5

Recht, der behauptet, daß das „Verlorene Paradies", wenn auch vielleicht kein heroisches, doch jedenfalls ein göttliches Gedicht sei.

Freilich hat auch Milton die Klippe nicht ganz umschiffen können, an der Klopstock hauptsächlich gescheitert ist. Auch bei ihm ist die Darstellung des Himmels und der seligen Engel bei weitem der farbloseste Theil des Gedichts. Wir Menschen müssen das Reich des Glanzes und Lichts, das ohne Schatten ist, zwar verehren, können es aber nicht episch schildern. Allgemeine Bilder und unbestimmte Andeutungen können uns mit Schauer und Ehrfurcht erfüllen, eingehende Beschreibungen werden stets schwächer sein. An die Stelle epischer Erzählung tritt dann nur zu leicht dogmatische Auseinandersetzung, mit der man das einförmige Bild zu beleben sucht. So ist es bei Dante und Klopstock, so ist es auch bei Milton. Nur daß bei ihm die Scenen im Himmel einen verhältnißmäßig sehr kleinen Theil einnehmen und fast nur als Ruhepunkte zu betrachten sind. Denn die höllische Empörung, und die furchtbare Schlacht, die den Himmel bewegt, gehören als Darstellung der Leidenschaft und des rasenden Beginnens nicht zu den Bildern der beseligten und verklärten Himmelswelt. Aber selbst der Kampf Satans und seiner Anhänger mit der Gottesschaar, der fast den Gipfelpunkt des Gedichts ausmacht, hat mit der Ungunst des Gegenstandes zu kämpfen. Zwar billigen wir die Bemerkung*), daß die Schlacht ohne spannendes Interesse für uns sei, weil wir an dem Sieg der göttlichen Sache nicht zweifeln können, keineswegs, denn der Allmächtige hat seine Stärke bis dahin noch nicht so offenbart und Satan erkennt erst in diesem Kriege seine völlige Ohnmacht gegen Gottes Willen. Ihn belebt Anfangs die frohe Siegeshoffnung, daß er sich selbst zum Herrn der Schöpfung machen könne, bis ihn sein furchtbarer Sturz belehrt, wie nichtig sein Vertrauen war. Wohl aber liegt eine Hauptschwierigkeit für die Schilderung in der Unsterblichkeit der Kämpfenden. Ja, die treugebliebenen Engel sind sogar unverwundbar und fast scheint es, als ob dadurch die Hauptfurchtbarkeit des Treffens entfernt sei. Aber diese Schwäche hat der Dichter meisterhaft verdeckt. Man hat kaum Zeit, einen solchen Gedanken zu fassen, oder man vergißt ihn in dem steigenden Gewühl, in der immer höher aufflammenden Wuth des großartigen Kampfes. Trotzdem, daß wir die Natur der Engel kennen, schlägt uns das Herz, wenn die himmlischen Schaaren unter dem Hohn ihrer Gegner stürzen und dann muthig sich erhebend Felsen und Berge zur Wehr entgegenschleudern. Die Steigerung ist so vortrefflich, der Eindruck des Ganzen so gewaltig, daß die Einzelnheiten, welche ihm Eintrag thun könnten, leicht übersehen werden.

Denn allerdings begegnet es Milton mehrmals, daß seine Phantasie mitten im erhabenen Flug plötzlich nachläßt und in dem Bestreben, recht genau zu sein, zu kleinlichen Bildern herabsinkt. So ist die Erfindung des Geschützes von Seiten Satans zwar an und für sich charakteristisch, aber der Erhabenheit der Darstellung völlig unangemessen. Ebenso verliert die Welt der Hölle an großartiger Furchtbarkeit, wenn die Millionen, die sich in das Pandämonium drängen, um Satan's Rede zu hören, plötzlich Zwerge werden, um Platz in dem ungeheuren Pallast zu finden, oder wenn Uriel auf einem Sonnenstrahl vom Himmel zur Erde fährt, welches Bild man wohl von der Königin Mab oder von einem Elfchen, nicht aber von einem mächtigen Cherub gebrauchen darf.

Doch diese Schwächen sind alle nur wie Flecken an der Sonne. Hoheit der Darstellung und Tiefe der Gedanken vereinigen sich in diesem unsterblichen Werke mit der Anmuth reizvollster Schilderung. Eine unvergängliche Reinheit und Innigkeit des Gefühls adelt jeden Ausdruck, jeden Gedanken, und Milton ist gleich groß in der lieblichen Schilderung Eden's wie in den Schrecken der Hölle. Es sind keine leeren Schattenbilder, die vor uns treten; die Charakteristik der einzelnen Personen ist durchaus meisterhaft. Selbst die Engel, die zur Erde niedersteigen, sind verschiedenartig gezeichnet. Michael, der majestätische Fürst des Himmels, kommt nur zur Vollziehung des Gerichts auf die Erde herab, aber der freundliche Raphael liebt den Verkehr mit dem Menschenpaar. Er ist es, der auf Adam's Frage, ob auch die Engel lieben, so schön erwidert:

> Mag dir's genügen, glücklich uns zu wissen,
> Denn ohne Lieb' ist keine Seligkeit.

---

*) Th Campbell, Specimens of Brit. Poetry. vol. I. London 1819.

Vor Allem aber ist die Charakteristik Satan's vortrefflich. Seine Macht und geistige Größe wird trotz seines Abfalls hervorgehoben, denn nur ein solcher konnte den furchtbaren Gedanken eines Aufstandes fassen. Freilich ist seine Größe ohne Adel und in vielen Zügen zeigt sich deutlich seine Heuchelei und neidische Bosheit. Doch selbst der Teufel ist nicht jeder Regung von Mitleid entfremdet, und in dem Entschluß, Eva zu berücken, vermag ihn nur der grenzenlose Haß gegen Gott aufs Neue zu befestigen. Dreimal versagt ihm die Stimme und schießen ihm die Thränen in das Auge, als er die Schaaren der durch ihn verführten Geister übersieht. Solche Züge verrathen den ächten Dichter, dem die Tiefen der Leidenschaft erschlossen sind. So ist Satan ein wahrer König und Fürst der Hölle, um den sich die andern Teufel in gleich kräftiger Zeichnung gruppiren. Moloch erscheint mit Blut beschmiert; er ist der wildeste Engel, der mit dem Himmel ficht; er ist der erste, der nochmals zum wilden Krieg auffordert und gänzliche Vernichtung einem qualvollen Leben vorzieht. Im Gegensatz zu ihm ist Belial der gemeine, nur auf Genuß und Lüste bedachte Geist, der dazu räth, den Widerstand aufzugeben und sich in der Hölle einzurichten. Von ihm weiß das sechste Buch keine Heldenthaten, nur spottende Worte zu melden. So wird Jeder, wenn auch oft nur mit kurzen Strichen, scharf gezeichnet. Doch die höchste Kunst lebendiger Charakteristik ist auf das Paar verwandt, das Edens lieblichen Sitz bewohnt. Die Gefahr lag nahe, bei der Schilderung des Paradieses ein glänzendes, aber thatenloses und kaltes Gemälde zu liefern, das vor lauter Unschuld und Frieden die menschliche Natur und ihre Gefühle verleugnet hätte. Aber grade hier zeigt sich die Kunst der Anlage. Die Erzählungen vom Kampf der Engel und der Schöpfung der Welt sind mit Absicht in die Scenen des Paradieses verlegt, um jenen noch mehr Bewegung und Abwechslung zu geben, und wenn unser Aller Urältern auch in dem Stand der reinen Unschuld erscheinen, so haben sie doch warme Gefühle und wahrhaftes Leben. Die edle Männlichkeit Adam's, seine Liebe zu der Gattin, seine Sorgsamkeit und Einsicht bilden das schönste Gegenstück zu Eva's Anmuth und Schönheit, zu ihrer Lebendigkeit und aufflammenden Phantasie. Sie erscheinen uns als reine, schuldlose Menschen, aber wir sehen deutlich, daß auch andere Kräfte in ihnen schlummern, Leidenschaften, die nur auf den Anstoß warten, um hervorzubrechen. Dieselbe Begier nach Erkenntniß, welche Eva zu Fall bringt, zeigt Adam schon vorher in seiner Unterredung mit dem Engel Raphael, der ihn deßhalb warnt, nicht zu sehr dem Verborgenen nachzuforschen und Gott zu ehren, welcher der Herr der Geheimnisse ist. Auch vor der blinden Leidenschaft sucht ihn der Engel zu warnen, denn sie ist es, die Adam stürzt. Eva's Fall hat ihren Grund zum Theil in ihrem eiteln Selbstgefühl und ihrer Hartnäckigkeit, Adam aber sündigt aus Liebe. Und das ist das Tragische, daß es kein gemeiner, unedler Fehler ist, der die Menschen ihres Glückes beraubt, sondern daß es das Herz ist, aus dem hier, wie überall, Glück und Unglück herstammt. Wir fühlen und grade deßhalb von dem duftigen Leben des Paradieses so angezogen, weil wir wahre Menschen, keine todten Charakterbilder vor uns sehen. Nach dem Sündenfall wird die Zeichnung noch kräftiger und die Schilderungen des bösen Gewissens, der Verzweiflung, des Hasses, der Reue und endlichen Versöhnung sind psychologische Meisterstücke.

Milton ist durchaus original, obwohl er sich in seiner ganzen Dichtung auf die verschiedensten Werke der Vergangenheit stützt. Seine Hauptquelle und der Boden, auf dem er sein ganzes Gedicht erbaut hat, ist die heilige Schrift. Jeder kleinste Zug in der Schilderung des Himmels beruht auf einer Stelle derselben. So ist die Beschreibung des Wagens und der belebten Räder, welche Christum in den Kampf führen, der Vision Ezechiel's nachgebildet, und wie Maccabäus im Traum von Jeremias seine Waffe erhält, so wird der Erzengel Michael von Gott mit einem Flammenschwert ausgerüstet. Solche Beispiele wären in Menge anzuführen und eine ähnliche Reihe von Reminiscenzen aus Homer und Virgil, neuere Dichtungen nicht zu erwähnen. Doch sind diese Anklänge frei von sclavischer Nachahmung, und Alles ist wirkliches Eigenthum des Milton'schen Genius, dessen wahrhafte Größe sein unantastbares Eigenthum ist und bleiben wird. Oft sind grade die Stellen die schwächsten, welche augenscheinlich durch die Erinnerung an andere Dichter entstanden sind. Milton verehrte Spenser mit Recht, und hat in seinem Geiste die Allegorie von der Sünde und dem Tod gedichtet. Aber so überaus kräftig sie an und für sich ist, so erscheint sie doch wie eine fremde Zuthat in dem Laufe der Erzählung. Noch auffallender ist es, daß grade die Erfindung der Kanonen kein Gedanke Miltons war. Die Angeleida von Erasmo Balvasone, einem angesehenen italienischen Dichter des 16. Jahrhunderts, war darin offenbar sein Vorbild, die in drei Gesängen den Krieg im Himmel besang und diesen Kunstgriff der Teufel schon auf ähnliche Art schilderte.

Im Epos tritt sonst der Dichter so weit wie möglich in den Hintergrund, und läßt die Begebenheiten gleichsam durch innere, eigne Kraft an uns vorüberziehen. Weder in der Odyssee, noch in der Iliade, noch in dem Nibelungenlied erfahren wir etwas über den Dichter, aber aus dem Verlorenen Paradies kann man die Schicksale Milton's in ihren Hauptumrissen leicht herausfinden. Im Gegensatz zur Objectivität der alten großen Volksepen kann unser Gedicht somit den Charakter der neueren Zeit und ihrer mehr persönlichen Dichtungsweise nicht verleugnen; will man aber jene Abschweifungen des Dichters, in welchen er von sich, seiner Lage und seinen Empfindungen redet, für Verstöße gegen das Gesetz des Heldengedichts erklären, so sind es wenigstens Verstöße, die wir nicht wegwünschen können, da sie mit zu dem Schönsten und Rührendsten gehören, was je gedichtet worden ist.

Die Redeweise Milton's ist zwar nicht frei von alterthümlichen Ausdrücken, dennoch gilt sie als die erste Probe der völlig ausgebildeten englischen Sprache, wie man sie jetzt als rein und classisch betrachtet. Er überragt darin seine Vorgänger bei weitem. Sein Stil ist ernst und großartig, wie es die Würde des Gegenstandes und die Tiefe der Gedanken verlangte. Aber trotz der Schwere ist er nicht verworren. Denn dieselbe geistige Klarheit und Entschiedenheit, die Milton's prosaische Werke, ja sein ganzes Leben auszeichnet, strahlt auch aus seinen Gedichten. Er hat die englische Sprache entschieden reicher und biegsamer gemacht, wenn auch seine Eigenthümlichkeiten nicht alle nachzuahmen sind. Leichte Kunstgriffe, von der gewöhnlichen Redeweise abzuweichen, waren ihm die Stellung des Adjectivs nach dem Substantiv, die Versetzung der Worte, der Gebrauch der Adjectiva als Substantivo; Wendungen und Constructionen der alten Völker, die ihm nicht auffallen konnten, da er so sehr in den griechischen und römischen Dichtern lebte. Thun sie auch in einzelnen Fällen der Sprache Gewalt an, so sind sie doch meistens von günstigem Erfolg. Außer Hellenismen und Romanismen soll er auch von Hebraismen nicht frei sein, und gar manche Fremdwörter und technische Bezeichnungen, die er, der Klarheit opfernd, gebraucht hat, scheinen mehr den Gelehrten, als den Dichter zu verrathen. Ueberaus reich ist das Gedicht dagegen an den herrlichsten Bildern, für die er bei Homer nicht umsonst in die Schule gegangen ist. Vergleichungen aus Poesie und Geschichte mußten dem blinden Manne zunächst liegen, doch es ist grade, als ob ihm die Beraubung des Lichts den Einblick in die Tiefe der Natur erst recht ermöglicht hätte. Wunderbar schöne Bilder dienen zur Belebung der Erzählung. So gleich im ersten Gesang die schon früher angeführte Vergleichung Satan's mit der verdunkelten Sonne, oder mit einer vom Blitz getroffenen Bergesfichte, die in ihrem stolzen Wuchs mit versengtem Wipfel und laubenblöße auf oder Haide emporragt,*) oder das schöne Bild, in dem das Gedränge des höllischen Heeres mit einem Bienenschwarm verglichen wird, der im Lenz sein zahlreiches Völkchen aussendet, das im Thau von Blume zu Blume fliegt, oder auf dem glatten Hof der strohgeflochtenen Burg über die Geschäfte des Staates berathschlagt.**)

Als Dichter steht Milton einzig in seiner Gattung. Nicht die Wahl seines Stoffes, sondern die Kraft und Hoheit der Behandlung haben ihn auf die einsame Höhe gestellt. Macauley hat ihn sehr schön mit Aeschylos verglichen, dessen Prometheus allerdings in seinem Trotz gegen Zeus viel Aehnlichkeit mit Satan hat. Von den neueren Dichtern ist auch nur Einer neben ihn zu stellen, Dante. Beide Männer beweisen dadurch ihren einfachen antiken Sinn, daß sie mit ihren Gedanken und Bestrebungen sich nicht von ihrem Vaterlande lossagen, sondern trotz des scheinbar abliegenden Gegenstandes stets die Kämpfe und Bestrebungen ihrer Zeit lebendig in sich tragen und sie in einem Spiegel verklären. Beide Männer haben in ihrer Mannestraft dem Vaterland gedient, beide waren Staatsmänner und sahen sich am Ende ihrer Laufbahn gestürzt und verlassen, Dante flüchtig und verbannt, Milton blind und angefeindet. Und beide dichteten in der Zeit der Bedrückung ihre ewig dauernden Werke, beide nahmen sich das ganze Weltall, vom Glanz des Himmels bis zur Nacht der Hölle, zum Gegenstand ihrer begeisterten Dichtungen.

---

*) P. L. I, 612.  **) P. L. I, 768.

Aber Dante ist leidenschaftlicher, energischer, schwerer. Das Colorit seiner Zeichnungen ist dunkel, und doch mit brennenden Farben gemalt. Er ist ein Südländer mit heißem Blut, dem die Schicksale das große Herz verbittert haben. Milton hat seinen Frieden mit Gott und den Menschen aus allen Stürmen seines Lebens gerettet. In ihm lebt eine unverwüstliche Liebe zu dem menschlichen Geschlecht und das sichere Zutrauen auf seine stete Entwickelung. Großartig und tief, wie Dante, ist er nicht so furchtbar, nicht so einzig von dem tiefen Ernst des Lebens erfüllt. Milton kennt in seinen Gedichten die volle Freude heiterer Schönheit und Liebe, aber wenn Dante in seltenen Accorden diese Gefühle berührt, so erklingt aus ihnen doch die tiefste Schwermuth, ja fast ein verdammendes Urtheil. Den ganzen Unterschied beider Männer klar zu machen, ist hier nicht möglich, und einige Andeutungen müssen genügen. Milton's Gedicht ist als Epos angelegt und bildet ein in einander greifendes abgerundetes Ganzes. Die Göttliche Komödie ist allerdings auch ein zusammenhängendes Werk, das aber in Reihen von Bildern und Scenen zerfällt, die nicht organisch in einander gefügt sind. Dante erscheint selbst thätig; er durchwandert an Virgil's und Beatricen's Hand Hölle, Fegfeuer und Himmel und erzählt, was er gesehen hat. Die ganze Art seiner Schilderung muß darnach eine andere sein, wie bei Milton. Satan liegt bei Dante im tiefsten Kreis der Hölle, mit drei Gesichtern und sechs Augen, aus denen Thränenströme rinnen, in jedem Mund zermalmt er einen Sünder, Judas Ischarioth, Brutus und Cassius. Von ihm geht zwar auch alles Böse aus, das die Welt verdirbt, doch erscheint er im Gedicht nicht weiter als bewegende großartige Macht. Anders mußte ihn Milton auffassen. Bei ihm ist er der thätige, himmelstürmende Engel, der auch noch nach seinem Fall die Erinnerung an die einstige Größe bewahrt. Körperliche Schmerzen sind es zumeist, welche die Verdammten in der Hölle Dante's erdulden, bei Milton's Trufeln fällt das Hauptgewicht auf die Qualen des Gemüths. Der Gedanke an das verlorene Glück, der vergebliche Haß, der Neid und die sich selbst verzehrende Bosheit, die Unruhe und nie gestillte Sehnsucht peinigen die höllische Rotte des Verlorenen Paradieses mehr als die ewigen Flammen.

Zu streiten, wem von beiden Dichtern die Palme gebühre, wäre unnütz und unfruchtbar, wie überhaupt jede Untersuchung der Art es sein muß. Beide, Milton sowohl wie Dante, sind erwachsen aus ihrer Zeit und ihrem Lande, aber beide sind ihren Jahrhunderten vorangeeilt, und ihr Ruhm wird glänzen, so lange sich ihr Vaterland nicht selbst vergessen wird.